ÉLISABETH,

OU

LES EXILÉS DE SIBÉRIE.

PARIS. — DE L'IMPRIMERIE DE RIGNOUX,
rue des Francs-Bourgeois-S.-Michel, n° 8.

Quelquefois elle s'éloignait pour étouffer ses sanglots... Elisabeth. P. 13.

Desenne del. Dely Sculp.

ÉLISABETH,

OU

LES EXILÉS DE SIBÉRIE;

Par Madame Cottin.

La mère en prescrira la lecture à sa fille.

PARIS,

CHARLES FROMENT, LIBRAIRE,

QUAI DES AUGUSTINS, n° 37.

1824.

PRÉFACE.

Le trait qui fait le sujet de cette histoire est vrai : l'imagination n'invente point des actions si touchantes, ni des sentimens si généreux; le cœur seul peut les inspirer.

La jeune fille qui a conçu le noble dessein d'arracher son père à l'exil, qui l'a exécuté en dépit de tous les obstacles, a réellement existé; sans doute elle existe encore : si on trouve quelque intérêt dans mon ouvrage, c'est à cette pensée que je le devrai.

J'ai entendu reprocher à quelques écrivains de peindre dans leurs livres une vertu trop parfaite; je ne parle pas de moi, qui suis si loin de posséder le talent nécessaire pour atteindre à ce beau idéal; mais je ne sais quelle plume assez éloquente pourrait ajouter quelques charmes à la beauté de la vertu. La vertu est si supérieure à tout ce qu'on en peut dire, qu'elle paraîtrait peut-être impossible, si on la montrait dans toute sa perfection : voilà du moins la difficulté que j'ai éprouvée en écrivant *Élisabeth.*

La véritable héroïne est bien au-dessus de la mienne; elle a souffert bien davantage. En donnant un appui à Élisabeth, en terminant son voyage à Moscou, j'ai beaucoup diminué ses dangers, et par conséquent son mérite : mais si peu de personnes savent ce qu'un enfant pieux, soumis et tendre, est capable de faire pour ses parens, que, si j'avais dit toute la vérité, on m'aurait accusée de manquer de vraisemblance, et le récit des longues fatigues qui n'ont point lassé le courage d'une jeune fille de dix-huit ans aurait fini par lasser l'attention de mes lecteurs.

S'il m'a fallu aller jusqu'en Sibérie pour trouver le trait principal de cette histoire, je ne puis m'empêcher de dire que, pour les caractères, les expressions de la piété filiale, et surtout le cœur d'une bonne mère, je n'ai pas été les chercher si loin [1].

[1] C'est dans la tendresse de sa mère, et dans la bonté de son propre cœur, que madame Cottin a puisé ces traits sublimes et touchans qui font de son ouvrage un monument élevé par la piété filiale à l'affection maternelle.

ÉLISABETH,

OU

LES EXILÉS DE SIBÉRIE.

La ville de Tobolsk, capitale de la Sibérie, est située sur les rives de l'Irtish; au nord elle est entourée d'immenses forêts qui s'étendent jusqu'à la mer Glaciale [1]. Dans cet

[1] La mer Glaciale ou Septentrionale, appelée par les Russes *Ledovitéoé More*, forme la frontière de tout le nord de la Russie, depuis la Laponie jusqu'au cap Tschukotskoy ou Tschurtschi, à l'extrémité septentrionale et orientale de l'Asie, c'est-à-dire depuis le cinquantième degré jusqu'au deux cent cinquième de longitude. Elle baigne les gouvernemens d'Archangel, de Tobolsk et d'Irkutsk. Sur son immense côte, il n'y a que trois ports connus, Kola, Archangel et Mesen. Du côté du pôle arctique, Phipps, Cook, et d'autres navigateurs célèbres ont en vain tenté de passer de la mer Glaciale dans les mers de l'Inde qui séparent l'Asie de l'Amérique; mais Cook a observé, en 1778, que le cap Tschurtski ou Tschukotskoynoss n'est éloigné que de trente-six milles du cap opposé de l'Amé-

espace de onze cents verstes [1], on rencontre des montagnes arides, rocailleuses et couvertes de neiges éternelles; des plaines incultes, dépouillées, où, dans les jours les plus chauds de l'année, la terre ne dégele pas à un pied; de tristes et larges fleuves dont les eaux glacées n'ont jamais arrosé une prairie, ni vu épanouir une fleur. En avançant davantage vers le pôle, les cèdres, les sapins, tous les grands arbres disparaissent; des broussailles de mélèses rampans et de bouleaux nains deviennent le seul ornement de ces misérables contrées; enfin des marais chargés de mousse se montrent comme le dernier effort d'une nature expirante; après quoi toute trace de végétation disparaît. Néanmoins c'est là qu'au milieu des horreurs d'un

rique, auquel il a donné le nom de cap du Prince de Galles.

[1] La verste est une mesure qui sert à marquer les distances en Russie, comme le mille en Angleterre, ou la lieue en France; elle est de trois mille cinq cents pieds. Une verste et demie vaut à peu près un mille d'Angleterre, la verste étant au mille comme 104 et demi est à 69. Le degré, en Russie, est de cent quatre verstes et demie.

éternel hiver, la nature a encore des pompes magnifiques; c'est là que les aurores boréales[1] sont fréquentes et majestueuses, et qu'embrassant l'horizon en forme d'arc très-clair, d'où partent des colonnes de lumière mobile, elles donnent à ces régions hyperborées[2] des

[1] L'aurore boréale est un phénomène brillant de la nature, qui appartient presque exclusivement aux régions septentrionales du globe terrestre, quoique le pôle du midi, suivant quelques voyageurs, ait aussi des aurores australes. C'est une espèce de nuage circulaire étendu sur l'horizon, dont il sort des jets, des gerbes, des colonnes de feu de diverses couleurs, jaune, rouge, sanglant, rougeâtre, bleu, violet, etc.

La matière de l'aurore boréale paraît avoir son siége dans l'atmosphère, à des hauteurs considérables, la même aurore ayant été vue à Pétersbourg, à Naples, à Rome, à Lisbonne, et même à Cadix. M. de Mairan, dans son *Traité de l'Aurore boréale*, estime que ces sortes de phénomènes ont ordinairement entre trois et neuf cents milles d'élévation. Les progrès de l'électricité, dans le siècle qui vient de s'écouler, promettent une route certaine aux causes physiques de l'aurore boréale, dont les fusées, les jets, les nappes de lumière semblent autant de courans électriques qui se meuvent dans l'air très-raréfié des régions élevées de l'atmosphère.

[2] Hyperborée, ou hyperboréen, se dit des peuples et des pays très-septentrionaux.

spectacles dont les merveilles sont inconnues aux peuples du Midi. Au sud de Tobolsk s'étend le cercle d'Ischim [1]; des landes parsemées de tombeaux et entrecoupées de lacs amers, le séparent des Kirguis [2], peuple nomade et idolâtre. À gauche, il est borné par l'Irtish, qui va se perdre, après de nombreux détours, sur les frontières de la Chine, et à droite par le Tobol [3]. Les rives de ce fleuve sont nues et stériles; elles ne présentent à l'œil que des fragmens de rocs brisés,

[1] Le cercle d'Ischim ou Issim, qui prend son nom de la rivière de ce nom, est une immense plaine de la Sybérie, au sud de Tobolsk, entre l'Irtish et la rivière Ischim. On l'appelle aussi la *steppe d'Ischim*, ou le désert d'Ischim.

[2] Les Kirguis sont une peuplade tartare, au nord de la Tartarie indépendante, divisée en trois hordes, la grande, la moyenne et la petite. Le désert d'Ischim les sépare de la Sibérie; on les appelle aussi Kaizaches.

[3] Le Tobol prend sa source dans le pays des Kirguis, au milieu des montagnes qui le séparent du gouvernement d'Ufa. Il se jette dans l'Irtish, près de Tobolsk, après avoir fourni un cours d'environ cinq cents verstes. Ses bords sont si peu élevés, qu'il les dépasse ordinairement au printemps, et inonde une vaste étendue de pays.

entassés les uns sur les autres, et surmontés de quelques sapins; à leur pied, dans un angle du Tobol, on trouve le village domanial de Saïmka; sa distance de Tobolsk est de plus de six cents verstes. Placé jusqu'à la dernière limite du cercle, au milieu d'un pays désert, tout ce qui l'entoure est sombre comme son soleil, et triste comme son climat.

Cependant le cercle d'Ischim est surnommé l'Italie de la Sibérie, parce qu'il a quelques jours d'été, et que l'hiver n'y dure que huit mois : mais il y est d'une rigueur extrême. Le vent du nord, qui souffle alors continuellement, arrive chargé des glaces des déserts arctiques [1], et en apporte un froid si pénétrant et si vif, que, dès le mois de septembre, le Tobol charrie des glaces. Une neige épaisse tombe sur la terre, et ne la quitte plus qu'à la fin de mai. Il est vrai qu'alors, quand le soleil commence à la fondre, c'est une chose merveilleuse que la promptitude avec laquelle les arbres se cou-

[1] Arctique pour septentrional n'est guère d'usage que dans ces phrases : pôle arctique, cercle arctique, terres arctiques.

vrent de feuilles, et les champs de verdure; deux ou trois jours suffisent à la nature pour faire épanouir toutes ses fleurs. On croirait presque entendre le bruit de la végétation; les chatons [1] des bouleaux exhalent une odeur de rose; le cytise velu s'empare de tous les endroits humides; des troupes de cigognes, de canards tigrés, d'oies du nord, se jouent à la surface des lacs; la grue blanche s'enfonce dans les roseaux des marais solitaires, pour y faire son nid, qu'elle natte industrieusement avec de petits joncs; et, dans les bois, l'écureuil volant, sautant d'un arbre à l'autre, et fendant l'air à l'aide de ses pattes et de sa queue chargée de laine, va ronger les bourgeons des pins et le tendre feuillage des bouleaux. Ainsi, pour les êtres

[1] Le chaton, terme de botanique, *amentum*, *julus catulus*, en anglais *catkin*. C'est une sorte de réceptacle commun qui porte plusieurs petites fleurs, et que l'on distingue facilement des autres par sa forme particulière, qui offre quelque ressemblance avec la queue d'un chat. Ces petites fleurs sont souvent dépourvues de calices; mais le chaton qui les soutient est garni d'écailles qui y suppléent; les saules, les peupliers, les pins, etc., en fournissent des exemples.

animés qui peuplent ces froides contrées, il est encore d'heureux jours : mais pour les exilés qui les habitent, il n'en est point.

La plupart de ces infortunés demeurent dans les villages qui bordent le fleuve, depuis Tobolsk jusqu'aux limites du cercle d'Ischim; d'autres sont relégués dans des cabanes au milieu des champs. Le gouvernement fournit à la nourriture de quelques-uns; ceux qu'il abandonne vivent de leur chasse d'hiver : presque tous sont en ces lieux l'objet de la pitié publique, et n'y sont désignés que par le nom de *malheureux*.

A deux ou trois verstes de Saïmka, au milieu d'une forêt marécageuse, et remplie de flaques d'eau, sur le bord d'un lac circulaire, profond et bordé de peupliers noirs et blancs, habitait une famille d'exilés. Elle était composée de trois personnes : d'un homme de quarante-cinq ans, de sa femme et de sa fille, belle, et dans toute la fleur de la jeunesse.

Renfermée dans ce désert, cette famille n'avait de communication avec personne; le père allait tout seul à la chasse; jamais il ne venait à Saïmka, jamais on n'y avait vu ni sa femme ni sa fille; hors une pauvre paysanne tartare qui les servait, nul être au monde ne pouvait entrer dans leur cabane. On ne connaissait ni leur patrie, ni leur naissance, ni la cause de leur châtiment; le gouverneur de Tobolsk en avait seul le secret, et ne l'avait pas même confié au lieutenant de sa juridiction établi à Saïmka. En mettant ces exilés sous sa surveillance, il lui avait seulement recommandé de leur fournir un logement commode, un petit jardin, de la nourriture et des vêtemens, mais d'empêcher qu'ils n'eussent aucune communication au dehors, et surtout d'intercepter sévèrement toutes les lettres qu'ils hasarderaient de faire passer à la cour de Russie.

Tant d'égards d'un côté, et de l'autre tant de rigueur et de mystère, faisaient soupçonner que le simple nom de Pierre Springer qu'on donnait à l'exilé cachait un nom plus illustre, une infortune éclatante, un grand crime peut-être, ou peut-être une grande injustice.

Mais tous les efforts pour pénétrer ce

secret ayant été inutiles, bientôt la curiosité s'éteignit, et l'intérêt avec elle. On cessa de s'occuper d'infortunés qu'on ne voyait point, et on finit même par les oublier tout-à-fait : seulement, lorsque quelques chasseurs se répandaient dans la forêt, et parvenaient jusque sur les bords du lac, s'ils demandaient le nom des habitans de cette cabane : Ce sont des malheureux, leur répondait-on. Alors ils n'en demandaient pas davantage, et s'éloignaient émus de pitié, en se disant au fond du cœur : Dieu veuille les rendre un jour à leur patrie ! Pierre Springer avait bâti lui-même sa demeure ; elle était en bois de sapin et couverte de paille ; des masses de rochers la garantissaient des rafales [1] du vent du nord et des inondations du lac. Ces roches, d'un granit tendre, réfléchissaient, en s'exfoliant, les rayons du soleil ; dans les premiers jours du printemps, on voyait sortir de leurs fentes des familles de champignons, les uns d'un rose pâle, les autres couleur de

[1] Rafale est proprement un terme de marine, qui se dit de certains coups de vent de terre à l'approche des montagnes.

soufre ou d'un bleu azuré, pareils à ceux du lac Baikal; et, dans les cavités où les ouragans avaient jeté un peu de terre, des jets de pins et de sorbiers s'empressaient d'enfoncer leurs racines et d'élever leurs jeunes rameaux.

Du côté méridional du lac, la forêt n'était plus qu'un taillis clair-semé, qui laissait apercevoir des landes immenses, couvertes d'un grand nombre de tombeaux: plusieurs avaient été pillés, et des ossemens de cadavres étaient épars tout autour; reste d'une ancienne peuplade qui serait demeurée éternellement dans l'oubli, si des bijoux d'or, renfermés avec elle au sein de la terre, n'avaient révélé son existence à l'avarice.

A l'est de cette grande plaine, une petite chapelle de bois avait été élevée par des chrétiens; on remarquait que de ce côté les tombeaux avaient été respectés, et que, devant cette croix qui rappelle toutes les vertus, l'homme n'avait point osé profaner la cendre des morts. C'est dans ces landes ou steppes [1],

[1] Les steppes ne sont pas des déserts marécageux,

nom qu'elles portent en Sibérie, que, durant le long et rude hiver de ce climat, Pierre Springer passait toutes ses matinées à la chasse; il tuait des élans, qui se nourrissent des jeunes feuilles de trembles et de peupliers. Il attrapait quelquefois des martres zibelines, assez rares dans ce canton, et plus souvent des hermines, qui y sont en grand nombre; du prix de leur fourrure, il faisait venir de Tobolsk des meubles commodes et agréables pour sa femme, et des livres pour sa fille. Les longues soirées étaient employées à l'instruction de la jeune Élisabeth. Souvent assise entre ses parens, elle leur lisait tout haut des passages d'histoire; Springer arrê-

mais de hautes plaines incultes et, pour la plupart, dénuées d'habitans. Dans celles qui sont couvertes de broussailles et arrosées de ruisseaux, les peuples nomades voyagent avec leurs troupeaux : on y rencontre même des villages. Elles sont généralement d'une étendue immense. La steppe entre Samara et Ouralsk, autrefois dit Yaik, a plus de sept cents verstes de longueur; il y en a dont le sol est extrêmement fertile et propre également à l'agriculture et au pâturage. Telle est la steppe de la horde moyenne des Kirguis; mais celles des bords de l'Irtish sont sablonneuses et désertes.

tait son attention sur tous les traits qui pouvaient élever son âme; et sa mère, Phédora, sur tous ceux qui pouvaient l'attendrir. L'un lui montrait toute la beauté de la gloire et de l'héroïsme; l'autre, tout le charme des sentimens pieux et de la bonté modeste. Son père lui disait ce que la vertu a de grand et de sublime; sa mère, ce qu'elle a de consolant et d'aimable : le premier lui apprenait comment il la faut révérer; celle-ci comment il la faut chérir. De ce concours de soins il résulta un caractère courageux, sensible, qui, réunissant l'extraordinaire énergie de Springer à l'angélique douceur de Phédora, fut tout à la fois noble et fier comme tout ce qui vient de l'honneur, et tendre et dévoué comme tout ce qui vient de l'amour.

Mais quand les neiges commençaient à fondre, et qu'une légère teinte de verdure s'étendait sur la terre, alors la famille s'occupait en commun des soins du jardin : Springer labourait les plates-bandes; Phédora préparait les semences, et Élisabeth les confiait à la terre. Leur petit enclos était entouré d'une palissade d'aunes, de cournouillers blancs, et de bourdaine, espèce d'arbrisseau fort estimé en Sibérie, parce que sa fleur est la seule qui exhale quelque parfum. Au midi, Springer avait pratiqué une espèce de serre où il cultivait avec un soin particulier certaines fleurs inconnues à ce climat; et, quand venait le moment de leur fleuraison, il les pressait contre ses lèvres, il les montrait à sa femme, et en ornait le front de sa fille, en lui disant: « Élisabeth, « pare-toi des fleurs de ta patrie, elles te « ressemblent; comme toi, elles s'embellissent dans l'exil. Ah! puisses-tu n'y pas « mourir comme elles! »

Hors ces instans d'une douce émotion, il était toujours silencieux et grave: on le voyait demeurer des heures entières enseveli dans une profonde rêverie, assis sur le même banc, les yeux tournés vers le même point, poussant de profonds soupirs, que les caresses de sa femme ne calmaient pas, et que la vue de sa fille rendait plus amers. Souvent il la prenait dans ses bras, la pressait étroitement sur son cœur, et puis tout à coup la rendant à sa mère, il s'écriait : « Emmène, « emmène cette enfant, Phédora; sa détresse, « la tienne, me feront mourir : ah! pourquoi « as-tu voulu me suivre? si tu m'avais laissé « seul ici, si tu ne portais pas la moitié de « mes maux, si je te savais tranquille et ho- « norée dans ta patrie, il me semble que je « vivrais dans ce désert sans me plaindre. » A ces mots, la tendre Phédora fondait en larmes; ses regards, ses paroles, ses actions, tout en elle décelait le profond amour qui l'attachait à son époux. Elle n'aurait pu vivre un seul jour loin de lui, ni se trouver malheureuse quand ils étaient toujours ensemble. Dans leur ancienne fortune, peut-être que de grandes dignités, d'illustres et dangereux emplois le tenaient souvent éloigné d'elle; dans l'exil, ils ne se quittaient plus. Ah! si elle avait pu ne pas s'affliger du chagrin de son époux, peut-être aurait-elle aimé leur exil.

Phédora, quoique âgée de plus de trente ans, était belle encore; également dévouée à son époux, à sa fille et à son Dieu, ces trois amours avaient gravé sur son front des charmes que le temps n'efface point. On y lisait qu'elle avait été créée pour aimer avec innocence, et qu'elle remplissait sa destinée. Elle s'occupait à préparer elle-même les mets qui plaisaient le plus à son époux; attentive à ses moindres désirs, elle cherchait dans ses yeux ce qu'il allait vouloir, pour l'avoir fait avant qu'il l'eût demandé. L'ordre, la propreté, l'aisance même régnaient dans leur petite demeure. La plus grande pièce servait de chambre aux deux époux; un grand poêle l'échauffait: les murs enfumés étaient ornés de quelques broderies et de divers dessins de la main de Phédora et de sa fille; les fenêtres étaient en carreaux de verre, luxe assez rare dans ce pays, et qu'on devait au produit des chasses de Springer. Deux cabinets composaient le reste de la cabane; Élisabeth couchait dans l'un; l'autre était occupé par la jeune paysanne tartare, et par tous les ustensiles de cuisine et les instrumens du jardinage.

Ainsi la semaine se passait dans ces soins intérieurs, soit à tisser des étoffes avec des peaux de rennes, ou à les doubler avec d'épaisses fourrures; mais quand le dimanche arrivait, Phédora soupirait tout bas de ne pouvoir assister à l'office divin, et passait une partie de ce jour en prières. Prosternée devant Dieu et devant une image de saint Basile, pour lequel elle avait une profonde vénération, elle les invoquait en faveur des objets de sa tendresse ; et si chaque jour sa dévotion devenait plus vive, c'est qu'elle avait toujours éprouvé qu'à la suite de ces pieux exercices, son cœur, plus éloquent, savait mieux trouver les pensées et les expressions qui pouvaient consoler son époux.

Élevée dans ces bois sauvages depuis l'âge de quatre ans, la jeune Élisabeth ne connaissait point d'autre patrie : elle trouvait dans celle-ci de ces beautés que la nature offre encore même dans les lieux qu'elle a le plus maltraités, et de ces plaisirs simples que les cœurs innocens goûtent partout. Elle s'amusait à grimper sur les rochers qui bordaient le lac, pour y prendre des œufs d'éperviers et de vautours blancs, qui y font leurs nids pendant l'été. Souvent elle attrapait des ramiers au filet, et en remplissait une volière; d'autres fois elle prenait des corrasins [1], qui vont par bandes, et dont les écailles pourprées, collées les unes contre les autres, paraissaient à travers les eaux du lac comme des couches de feu recouvertes d'un argent liquide. Jamais, durant son heureuse enfance, il ne lui vint dans la pensée qu'il pouvait y avoir un sort plus fortuné que le sien. Sa santé se fortifiait par le grand air, sa taille se développait par l'exercice, et sur son visage, où reposait la paix de l'innocence, on voyait chaque jour naître un agrément de plus. Ainsi, loin du monde et des hommes, croissait en beauté cette jeune vierge pour les yeux seuls de ses parens, pour l'unique charme de leur cœur; semblable à la fleur du désert, qui ne s'épanouit qu'en présence du soleil, et ne se pare

[1] Corrasin, ou pour mieux dire carassin, est le nom spécifique d'un poisson du genre cyprin, *cyprinus carassius*, Linn. On l'appelle aussi *hamburge*. Son corps est très-large, très-épais, et couvert d'écailles de moyenne grandeur; il est brun sur le dos, verdâtre sur les côtés, et jaunâtre avec quelques nuances rouges sous le ventre. Il aime les lacs dont le fond est marneux.

pas moins de vives couleurs, quoiqu'elle ne puisse être vue que par l'astre à qui elle doit la vie.

Il n'y a d'affections tendres et profondes que celles qui se concentrent sur peu d'objets : aussi Élisabeth, qui ne connaissait que ses parens, et n'aimait qu'eux seuls dans le monde, les aima avec passion ; ils étaient tout pour elle : les protecteurs de sa faiblesse, les compagnons de ses jeux, et son unique société. Elle ne savait rien qu'ils ne lui eussent appris : ses amusemens, ses talens, son instruction, elle leur devait tout ; et, voyant que tout lui venait d'eux, et que par elle-même elle ne pouvait rien, elle se plaisait dans une dépendance qu'ils ne lui faisaient sentir que par des bienfaits. Cependant, quand la jeunesse succéda à l'enfance, et que la raison commença à se développer, elle s'aperçut des larmes de sa mère, et vit que son père était malheureux. Plusieurs fois elle les conjura de lui en dire la cause, et ne put en obtenir d'autre réponse, sinon qu'ils pleuraient leur patrie : mais pour le nom de cette patrie et le rang qu'ils y occupaient, ils ne les lui confièrent jamais, ne voulant pas exciter de douloureux regrets dans son âme, en lui apprenant de quelle hauteur ils avaient été précipités dans l'exil. Mais, depuis le moment qu'Élisabeth eut découvert la tristesse de ses parens, ses pensées ne furent plus les mêmes, et sa vie changea entièrement. Les plaisirs dont elle amusait son innocence perdirent tout leur attrait; sa basse-cour fut négligée; elle oublia ses fleurs, et cessa d'aimer ses oiseaux. Quand elle venait sur le bord du lac, ce n'était plus pour jeter l'hameçon ou naviguer dans sa petite nacelle, mais pour se livrer à de longues méditations, et réfléchir à un projet qui était devenu l'unique occupation de son esprit et de son cœur. Quelquefois, assise sur la pointe d'un rocher, les yeux fixés sur les eaux du lac, elle songeait aux larmes de ses parens et aux moyens de les tarir: ils pleuraient une patrie. Élisabeth ne savait point quelle était cette patrie; mais puisqu'ils étaient malheureux loin d'elle, ce qui lui importait était bien moins de la connaître que de la leur rendre. Alors elle levait les yeux au ciel pour lui demander du secours, et demeurait abîmée dans une si profonde rêverie, que souvent la neige tombant par flocons, et le vent soufflant avec violence, ne pouvaient l'en arracher. Cependant ses parens l'appelaient-ils, aussitôt elle entendait leur voix, descendait légèrement du sommet des rochers, et venait recevoir les leçons de son père, et aider sa mère aux soins du ménage; mais, auprès d'eux comme en leur absence, en s'occupant d'une lecture comme en tenant l'aiguille, dans le sommeil comme dans la veille, une seule et unique pensée la poursuivait toujours; elle la gardait religieusement au fond de son cœur, décidée à ne la révéler que quand elle serait au moment de partir.

Oui, elle voulait partir, elle voulait s'arracher des bras de ses parens pour aller seule à pied jusqu'à Pétersbourg demander la grâce de son père : tel était le hardi dessein qu'elle avait conçu, telle était la téméraire entreprise dont ne s'effrayait point une jeune fille timide. En vain elle entrevoyait de grands obstacles; la force de sa volonté, le courage de son cœur et sa confiance en Dieu la rassuraient, et lui répondaient qu'elle triompherait de tout. Cependant, quand son projet prit un caractère moins vague, et qu'elle cessa d'y réfléchir pour songer à l'exécuter, son ignorance l'effraya un peu : elle ne savait seulement pas la route du village le plus voisin; elle n'était jamais sortie de la forêt : comment trouverait-elle son chemin jusqu'à Pétersbourg? Comment se ferait-elle entendre en voyageant au milieu de tant de peuples dont la langue lui était inconnue? Il lui faudrait toujours vivre d'aumônes. Pour s'y résoudre, elle appelait à son aide l'humilité qu'elle tenait de la religion de sa mère; mais elle avait si souvent entendu son père se plaindre de la dureté des hommes, qu'elle appréhendait beaucoup le malheur d'avoir à solliciter leur pitié. Elle connaissait trop la tendresse de ses parens pour se flatter qu'ils faciliteraient son départ; ce n'était pas à eux qu'elle pouvait avoir recours. Mais à qui s'adresser dans ce désert où elle vivait séparée du reste du monde? et dans cette cabane dont l'entrée était interdite à tous les humains, comment attendre un appui? Cependant elle ne désespéra pas d'en trouver un : le souvenir d'un accident dont son père avait pensé être la victime lui rappela qu'il n'est point de lieu si sauvage où la Providence ne puisse entendre les prières des malheureux et leur envoyer des secours.

Il y avait quelques années que, dans une chasse d'hiver, sur le haut des âpres rochers qui bordent le Tobol, Springer avait été délivré d'un péril imminent par l'intrépidité d'un jeune homme. Ce jeune homme était le fils de M. de Smoloff, gouverneur de Tobolsk; il venait tous les hivers poursuivre les élans et les martres dans les landes d'Ischim, et combattre l'ours des monts Ouralsks [1] dans

[1] Les monts Ouralsks (*the Uralian chain, the Uralian montains*) servent de limites entre l'Europe et l'Asie septentrionale. Oural, ou ural, est un mot tartare qui signifie ceinture. Les Russes donnent également le nom de *Kammenoï* et *Semnoï poyas* à cette chaîne de montagne, comme si elle formait le ceinturon du globe terrestre.

Du sud au nord, les monts Ouralsks ont presqu'en droite ligne une étendue de plus de quinze cents milles

les environs de Saïmka. C'est dans cette dernière chasse, la plus dangereuse de toutes, qu'il avait rencontré Springer, et qu'il lui avait sauvé la vie. Depuis ce moment le nom de Smoloff n'était prononcé dans la demeure des exilés qu'avec respect et reconnaissance. Élisabeth et sa mère regrettaient vivement de ne point connaître leur bienfaiteur, de ne pouvoir point lui offrir leur bénédiction: chaque jour elles priaient le ciel pour lui; chaque année, quand elles entendaient dire que les chasses d'hiver avaient recommencé, elles se flattaient qu'il viendrait peut-être dans leur cabane; mais il n'y venait point: l'entrée lui en était interdite comme à tout le monde, et il ne songeait point à trouver

d'Angleterre. On peut les diviser en trois branches principales, l'Oural des Kirguis, l'Oural fertile en minéraux, et l'Oural désert; ce dernier touche à la mer Glaciale.

Le sommet le plus élevé des monts Ouralsks est le Bashkirey, dans le gouvernement d'Orenbourg. Ils sont pour la plupart riches en minéraux, et couverts d'épaisses forêts; ils donnent naissance à dix ou douze rivières considérables, telles que le Tobol, l'Oural, le Yemba, etc.

cet ordre rigoureux, car il ne savait pas encore ce que renfermait cette cabane.

Cependant, depuis qu'Élisabeth avait senti la difficulté de sortir de son désert sans un secours humain, sa pensée se reportait plus souvent sur le jeune Smoloff. Un pareil protecteur l'aurait délivrée de toutes ses craintes, aurait levé tous les obstacles. Qui mieux que lui pouvait l'éclairer sur les détails de la route de Saïmka à Pétersbourg, lui indiquer la plus sûre voie de faire passer une requête à l'empereur? et si sa fuite irritait le gouverneur de Tobolsk, qui mieux qu'un fils, se disait-elle, saura désarmer sa colère, émouvoir sa pitié, et l'empêcher de punir mes parens, en les rendant responsables de ma faute?

C'est ainsi qu'elle calculait tous les avantages qui lui reviendraient d'un semblable appui; et, en voyant l'hiver s'approcher, elle résolut de ne pas laisser passer le temps des chasses sans s'informer si le jeune Smoloff était dans le canton, et sans chercher les moyens de le voir et de lui parler.

Springer avait été si touché des terreurs

de sa femme et de sa fille au récit des dangers qu'il avait courus, que, depuis cette époque, il leur avait promis de ne plus retourner à la chasse aux ours, et de ne s'écarter de la forêt que pour poursuivre l'écureuil et l'hermine. Malgré cette promesse, Phédora ne pouvait plus le voir s'éloigner sans effroi, et, jusqu'à son retour, elle demeurait inquiète et tremblante, comme si cette absence eût été le présage d'un grand malheur.

Une neige très-épaisse, et durcie par un froid de plus de trente degrés, couvrait la terre; on était en plein hiver lorsque, dans une belle matinée de décembre, Springer prit son fusil pour aller chasser dans la steppe. Avant de partir, il embrassa sa femme et sa fille, et leur promit de revenir avant la fin du jour: mais l'heure passa, la nuit s'approchait, et Springer ne revenait point. Depuis l'événement qui avait menacé sa vie, c'était la première fois qu'il manquait d'exactitude, et les frayeurs de Phédora furent sans bornes; tout en cherchant à les calmer, Élisabeth les partageait; elle voulait aller au secours de son père, et ne pouvait se résoudre à quitter sa mère en pleurs. Jusqu'à cet instant, Phédora, délicate et faible, n'avait jamais été au delà des rives du lac; mais la violence de son inquiétude lui persuada qu'elle aurait des forces pour suivre sa fille et aller chercher son époux. Toutes deux sortirent ensemble, et marchèrent vers la lande à travers le taillis. L'air était très-froid, les sapins paraissaient des arbres de glace; un givre épais s'était attaché à chaque rameau et en blanchissait la superficie; une brume sombre couvrait l'horizon; l'approche de la nuit donnait encore à tous ces objets une teinte plus lugubre, et la neige, unie comme un miroir, faisait chanceler à chaque pas la faible Phédora. Élisabeth, élevée dans ces climats, et accoutumée à braver les froids les plus rigoureux, soutenait sa mère et lui prêtait sa force. Ainsi on voit un arbre transplanté hors de sa patrie languir dans une terre étrangère, tandis que le jeune rejeton qui naît de ses racines, habitué à ce nouveau sol, élève des jets vigoureux, et, en peu d'années, soutient les branches du tronc qui l'a nourri, et protége de son ombre l'arbre qui lui donna la vie. En approchant de la plaine, Phédora ne pouvait plus marcher; Élisabeth lui dit : « Ma mère, le jour « va finir, repose-toi ici, et laisse-moi aller « seule jusqu'à la lisière de la forêt; si nous « attendions plus long-temps, la nuit m'em- « pêcherait de distinguer mon père dans la « lande. » Phédora s'appuya contre un sapin et laissa partir sa fille. En peu d'instans celle-ci eut atteint la plaine; les tombeaux dont elle est couverte y forment d'assez hauts monticules. Debout sur l'un d'eux, Élisabeth, le cœur navré, les yeux pleins de larmes, regardait si elle n'apercevait pas son père; elle ne voyait rien, tout était solitaire, silencieux, et l'obscurité commençait à unir le ciel à la terre. Cependant un coup de fusil, parti à peu de distance, lui rend toutes ses espérances. Ce bruit, qu'elle n'entendit jamais que de la main de son père, lui paraît un signe assuré que son père est là; elle se précipite de ce côté. Derrière une masse de rochers elle voit un homme courbé à demi, et qui paraissait chercher quelque chose par terre ; elle lui crie : « Mon père, « mon père, est-ce toi ? » Cet homme se retourne ; ce n'était point Springer : son visage était jeune, beau, et, à l'aspect d'Élisabeth, il exprima une grande surprise. « Vous n'êtes « point mon père, reprit-elle avec douleur ; « mais ne l'avez vous point vu dans la steppe ? « ne pouvez-vous me dire de quel côté je « pourrais le trouver ? Je ne connais point « votre père, répondit-il ; mais je sais qu'à « cette heure-ci vous ne devez point rester « seule dans cette lande ; vous y courez plu- « sieurs dangers, et vous devez craindre...... « Ah ! interrompit-elle, je ne crains rien dans « le monde que de ne pas trouver mon père. » En parlant ainsi, elle élevait vers le ciel ses yeux, dont la fierté et la tendresse, le courage et la douleur peignaient si bien son âme et semblaient présager sa destinée. Le jeune homme en fut ému ; il croyait rêver ; il n'avait jamais rien vu, rien imaginé de pareil à Élisabeth. Il lui demanda le nom de son père. « Pierre Springer, lui dit-elle. « Quoi ! s'écria-t-il, vous êtes la fille de l'exilé « de la cabane du lac ? Tranquillisez-vous, je

« connais votre père ; il n'y a pas une heure « que je l'ai quitté ; il a fait un détour « pour se rendre dans sa demeure ; mais il « doit y être arrivé maintenant. » Élisabeth n'en écoute pas davantage ; elle court vers le lieu où elle a laissé sa mère ; elle l'appelle avec des cris de joie, afin que sa voix la rassure avant même qu'elle ait pu lui parler ; elle ne la trouve plus : éperdue, elle fait retentir la forêt du nom de ses parens. Du côté du lac, des voix lui répondent ; elle double le pas, elle arrive, et, sur le seuil de la cabane, elle voit son père et sa mère ; ils lui tendent les bras, elle s'y jette : en l'embrassant, ils s'expliquent ; chacun d'eux était revenu dans la chaumière par un chemin différent ; mais les voilà réunis, les voilà tranquilles. Alors seulement Élisabeth s'aperçoit que le jeune homme l'a suivie : Springer le regarde, le reconnaît, et lui dit avec un profond regret : « Il est bien tard, M. de Smo« loff ; et cependant vous savez qu'il ne m'est « pas permis de vous offrir un asile, même « pour une seule nuit. M. de Smoloff! s'é-

« crient Élisabeth et sa mère, notre libéra-« teur! c'est lui qui est ici? » Et toutes deux tombent ensemble à ses pieds. Phédora les baigne de pleurs; Élisabeth lui dit : » M. de « Smoloff, depuis trois ans que vous avez « sauvé la vie de mon père, nous n'avons « pas passé un seul jour sans demander à « Dieu de vous bénir. Ah! il vous a enten-« due, puisqu'il m'a envoyé ici, » répond le jeune homme avec une profonde émotion, « car le peu que j'ai fait ne méritait assuré-« ment pas un pareil prix. »

Cependant il était fort tard; un profonde obscurité enveloppait toute la forêt; le retour à Saïmka au milieu de la nuit n'était pas sans danger, et Springer ne pouvait se résoudre à refuser l'hospitalité à son libérateur; mais il avait promis sur la foi de l'honneur, au gouverneur de Tobolsk, de ne recevoir personne dans sa demeure, et il lui était affreux de manquer à un pareil serment. Il proposa au jeune homme de l'accompagner jusqu'à Saïmka. « J'allumerai un flambeau, « lui dit-il; je connais les détours de la fo-

« rêt, les marais, les stagnes d'eau [1] qu'il faut « éviter; je marcherai le premier. » Phédora, effrayée, se jeta au-devant de lui pour l'arrêter. Smoloff prit la parole: « Permettez-« moi, monsieur, lui dit-il, de rester dans « votre cabane jusqu'au jour; je sais quels « sont les ordres de mon père, et les motifs « qui l'obligent à vous montrer tant de ri-« gueur: mais je suis sûr qu'il me permet-« trait en cette occasion de vous délier de « votre serment, et je vous réponds de revenir « bientôt vous remercier de sa part de l'asile « que vous m'aurez accordé. » Springer prit alors la main du jeune homme, il entra avec lui dans la cabane, et tous deux s'assirent près du poêle, tandis que Phédora et sa fille préparaient le souper.

Élisabeth était vêtue selon l'usage des paysannes tartares, avec un court jupon rouge relevé sur le côté; la jambe couverte d'un pantalon de peau de renne, et les cheveux tombant en tresses jusque sur ses talons; un corset étroit et boutonné sur le côté lais-

1 Les stagnes d'eau, au lieu de dire les eaux stagnantes.

sait voir toute l'élégance de sa taille, et ses manches retroussées jusqu'au coude ne déro-baient point la beauté de ses bras. La simplicité de son costume semblait rehausser encore la dignité de son maintien, et tous ses mouvemens étaient accompagnés d'une grâce que Smoloff admirait avec une singulière émotion, et dont il ne pouvait détacher ni ses regards ni son cœur. Élisabeth ne le regardait pas avec moins de plaisir; mais dans ce plaisir tout était pur; il ne venait que de la reconnaissance qu'elle lui devait, et des espérances qu'elle fondait sur lui. Dieu lui-même, qui sonde jusqu'aux derniers replis du cœur, n'aurait pas trouvé dans celui d'Élisabeth un seul sentiment qui ne se rapportât à ses parens, et qui ne fût entièrement pour eux. Pendant le souper, le jeune Smoloff dit aux exilés qu'il n'était que depuis trois jours à Saïmka; qu'il avait appris que les loups affamés ravageaient tout le canton, et qu'avant peu on ferait une chasse générale pour les détruire. Après cette nouvelle, Phédora se pressa contre son époux en pâlissant: « Vous n'irez point, j'espère,

« lui dit-elle, à cette chasse dangereuse; vous « n'exposerez pas votre vie; votre vie, le « plus précieux de mes biens! Hélas! Phédo- « ra, que dites-vous? reprit Springer avec « un sentiment d'amertume. Qu'est-ce que « ma vie? sans moi, seriez-vous ici? savez- « vous ce qui vous rendrait la liberté, à « vous et à notre enfant? le savez-vous? » Sa femme l'interrompit par un cri douloureux: Élisabeth quitta sa place, vint auprès de son père, lui prit la main, et lui dit: « Mon « père, tu le sais, élevée dans ces forêts, je « ne connais point d'autre patrie; ici, à tes « côtés, ma mère et moi nous vivons heu- « reuses: mais j'atteste son cœur comme le « mien, que dans aucun lieu de la terre, « nous ne pourrions vivre sans toi, fût-ce « dans ta patrie. Entendez-vous, M. de « Smoloff, répliqua Springer; vous croyez « que de telles paroles devraient me consoler, « et elles enfoncent au contraire le poignard « plus avant dans mon sein: des vertus qui « devaient faire ma joie font mon désespoir, « quand je pense qu'à cause de moi, elles « demeureront ensevelies dans ce désert;

« qu'à cause de moi Élisabeth ne sera point « connue, ne sera point aimée. » La jeune fille l'interrompit vivement par ces mots : « O mon père ! me voici entre ma mère et « toi, et tu dis que je ne serai point aimée ! » Springer, sans pouvoir modérer sa douleur, continua ainsi : « Jamais tu ne jouiras de ce « plaisir que je te dois, jamais la voix d'un « enfant adoré ne te fera entendre de si « douces paroles; tu vivras seule ici, sans « époux, sans famille, comme un faible oi-« seau égaré dans le désert. Innocente vic-« time, tu ne connais point les biens que tu « perds; mais moi qui ne peux plus te les « donner, j'ai tout perdu. » Pendant cette scène, le jeune Smoloff avait essuyé ses larmes plus d'une fois ; il voulut parler, sa voix était altérée. Cependant il dit : « Mon-« sieur, dans la triste place qu'occupe mon « père, vous devez croire que je ne suis pas « étranger au malheur; souvent j'ai parcouru « les divers cercles de son vaste gouverne-« ment; que de larmes j'ai recueillies ! que « de douleurs solitaires j'ai entendues gémir ! « J'ai vu, j'ai vu, dans les déserts de l'affreux

« Beresof [1], des infortunés qui vivaient sans « amis, sans famille; jamais ils ne recevaient « une tendre caresse, jamais une douce pa- « role ne réjouissait leur cœur; isolés dans « le monde, séparés de tout, ils n'étaient pas « seulement exilés, ils étaient malheureux. « Et quand le ciel t'a laissé ta fille, interrom- « pit Phédora, d'un ton de reproche et d'a- « mour, tu dis que tu as tout perdu : si le « ciel te l'ôtait, que dirais-tu donc? » Sprin- ger tressaillit; il prit la main de sa fille, et la serrant sur son cœur avec celle de sa femme, il répondit en les regardant toutes deux : « Ah! je le sens, je n'ai pas tout « perdu. »

Quand le jour parut, le jeune Smoloff

[1] Beresof, Beresov ou Beresow, est une ville de la Sibérie, située dans la province du même nom, au nord-ouest et à trois cent soixante-douze milles de Tobolsk, au soixante-quatrième degré de latitude septentrionale, et au soixante-cinquième degré quatorze minutes de longitude orientale : le prince de Menzikof y mourut en exil en 1729. Le district de Beresof a des mines d'or qui, depuis l'année 1754, ont valu à la couronne de Russie un revenu net de près de 860,000 roubles par an.

prit congé des exilés; Élisabeth le voyait partir avec regret, car elle était impatiente de lui révéler son projet, de lui demander sa protection; elle n'avait pas trouvé un moment pour lui parler en particulier; ses parens ne l'avaient pas quittée, et elle ne voulait pas s'expliquer devant eux; elle espéra qu'en le voyant souvent, elle trouverait l'occasion de l'entretenir. Aussi lui dit-elle très-vivement : « Ne reviendrez-vous pas, « monsieur? Ah! promettez-moi que ce jour-« ci n'est pas le dernier où j'aurai vu le sau-« veur de mon père! » Springer fut surpris de ces paroles, surtout de l'air dont elles étaient prononcées; une secrète inquiétude le saisit. Il se rappela les ordres du gouverneur, et assura qu'il n'y désobéirait pas deux fois. Smoloff répondit qu'il était certain d'obtenir de son père une exception pour lui, et que dès ce jour même il allait retourner à Tobolsk pour la solliciter. « Mais, monsieur, « continua-t-il, en réclamant ses bontés pour « moi, ne lui dirai-je rien pour vous? ne « serai-je pas assez heureux pour vous ser-« vir? n'avez-vous rien à lui demander?

« Rien, monsieur, répliqua Springer d'un « air grave. » Le jeune homme baissa tristement les yeux vers la terre ; et puis s'adressant à Phédora, il lui fit la même question. « Monsieur, répondit-elle, je voudrais qu'il « me donnât la permission d'aller tous les « dimanches entendre la messe à Saïmka « avec ma fille. » Smoloff s'engagea à la lui faire obtenir, et s'éloigna, emportant toutes les bénédictions de la famille, et les vœux secrets d'Élisabeth pour son prompt retour. En s'en retournant, il n'était occupé que d'elle ; il n'avait plus d'autres pensées. Cette jeune fille, qui lui était apparue la veille dans le désert sous une forme si belle, avait commencé par frapper son imagination ; bientôt, en la voyant auprès de ses parens, son cœur avait été profondément touché ; il se retraçait ses moindres paroles, son air, ses regards, surtout le dernier mot qu'elle lui avait dit. Sans ce mot, peut-être une sorte de respect l'eût-il empêché de l'aimer : mais cette vivacité avec laquelle Élisabeth avait exprimé le désir de le revoir, cette prière dont l'accent décelait un sentiment si tendre, lui firent croire qu'elle avait été émue comme lui. Sa jeune imagination s'exaltant par cette pensée, il se persuada que la rencontre de la veille n'était pas un coup du hasard, qu'une mutuelle sympathie avait agi sur Élisabeth comme sur lui; et il était impatient de lire dans ce cœur innocent la confirmation de tout ce qu'il osait espérer. Ah! qu'il était lóin de deviner ce qu'il devait y lire un jour!

Cependant, depuis la visite de Smoloff, la tristesse de Springer avait pris un caractère plus sombre. Le souvenir de ce jeune homme si aimable, si généreux, si intrépide, lui rappelait sans cesse l'époux qu'il aurait désiré à sa fille: mais sa triste position lui interdisant toute pensée de ce genre, loin de désirer le retour de Smoloff, il le craignait; car Élisabeth pouvait être sensible, et c'eût été le dernier terme du malheur pour son cœur paternel que de voir sa fille atteinte par la secrète douleur d'un amour sans espoir.

Un soir, plongé dans ses rêveries, la tête entre ses deux mains, le coude appuyé sur le poêle, il poussait de profonds soupirs. Phédora, à cet aspect, avait laissé tomber son aiguille; les yeux fixés sur son époux, le cœur plein d'anxiété, elle demandait au ciel de lui inspirer ces paroles qui consolent et qui ont le pouvoir de faire oublier le malheur. Un peu plus loin, dans l'ombre, Élisabeth les regardait tous deux, et songeait avec joie qu'un jour viendrait peut-être où ils ne pleureraient plus. Elle ne doutait point que Smoloff ne consentît à favoriser son entreprise : un secret instinct lui répondait d'avance qu'il en serait touché, et qu'il la protégerait; mais elle craignait le refus de ses parens, surtout celui de sa mère. Cependant comment partir sans leur aveu, sans savoir le nom de leur patrie, et pour quelle faute elle allait demander grâce? Elle sentit qu'il fallait leur ouvrir son cœur, et que le moment était venu. Elle mit un genou en terre pour demander à Dieu de disposer ses parens à l'entendre; ensuite elle s'approcha doucement de son père, et demeura debout derrière lui, appuyée contre le dossier de la chaise où il était assis. Elle garda le silence un moment, dans l'espoir qu'il lui parlerait peut-être le premier; mais, voyant qu'il ne quittait point son attitude pensive, elle commença ainsi : « Mon père, permets-moi de « t'adresser une question. » Il releva la tête, et lui fit signe qu'elle le pouvait. « L'autre « jour, quand le jeune Smoloff te demanda « si tu ne désirais rien: Rien, lui répondis- « tu : est-il vrai? ne désires-tu rien? — Rien « qu'il puisse me donner. — Et qui pourrait « te donner ce que tu désires? — L'équité, « la justice! — Mon père, où peut-on les « trouver? — Dans le ciel, sans doute; mais « sur la terre, jamais, jamais. » Ayant parlé ainsi, les noirs soucis qui ombrageaient son front prirent une teinte plus sombre, et il laissa retomber sa tête dans ses mains. Après une courte pause, Élisabeth reprit la parole, et d'une voix plus animée elle dit : « Mon père, ma mère, écoutez-moi : c'est « aujourd'hui que j'accomplis ma dix-sep- « tième année; c'est aujourd'hui que j'ai reçu « de vous cette vie qui me sera si chère, si « je puis vous la consacrer; ce cœur avec « lequel je vous aime et vous révère comme

« les images vivantes du Dieu du ciel. Depuis ma naissance, chacun de mes jours a « été marqué par vos bienfaits ; je n'ai pu y « répondre encore que par ma reconnaissance et ma tendresse : mais qu'est-ce que « ma reconnaissance, si elle ne se montre « point? qu'est-ce que ma tendresse, si je ne « puis vous la prouver? O mes parens! pardonnez à l'audace de votre fille ; mais, une « fois en sa vie, elle voudrait faire pour « vous ce que vous n'avez cessé de faire pour « elle depuis sa naissance. Ah! daignez enfin « verser dans mon sein le secret de tous vos « malheurs. — Ma fille, que me demandes-tu? « interrompit très-vivement son père. — « Que vous m'instruisiez de tout ce que j'ai « besoin de savoir pour vous montrer tout « mon amour, et Dieu sait quel motif m'a« nime lorsque j'ose vous adresser un pareil « vœu. » En disant ces mots, elle tomba aux genoux de son père, et éleva vers lui des regards supplians. Un sentiment si grand, si noble, brillait dans ses yeux, à travers les larmes dont ils étaient pleins ; et l'héroïsme de son âme jetait quelque chose de si divin sur l'humilité de son attitude, que Springer entrevit à l'instant une partie de ce que sa fille pouvait vouloir. Sa poitrine s'oppressa : il ne pouvait ni parler ni pleurer ; il demeurait silencieux, immobile, accablé comme devant la présence d'un ange : l'excès de l'infortune n'avait point eu la puissance de remuer son cœur comme venaient de faire les paroles d'Élisabeth ; et cette âme si ferme, que les rois n'intimidaient point, et que l'adversité ne pouvait abattre, attendrie à la voix de son enfant, cherchait en vain sa force et ne la trouvait plus. Pendant que Springer gardait le silence, Élisabeth demeurait toujours prosternée devant lui. Sa mère s'approcha pour la relever. Placée derrière sa fille, elle n'avait pu voir, lorsque celle-ci était tombée à genoux, ni le geste, ni le regard qui venaient de révéler son sublime secret à son père, et elle était restée bien loin du malheur qui menaçait sa tendresse. « Pourquoi, dit-elle à son époux, pourquoi « refuserais-tu de lui confier nos secrets ? « est-ce que sa jeunesse t'effraie ? crains-tu « que l'âme d'Élisabeth ne s'afflige, jusqu'à

« la faiblesse, de la grandeur de nos revers ?
« Non, reprit le père, en regardant fixement sa fille, non, ce n'est pas sa faiblesse « que je crains. » A ce mot, Élisabeth ne douta pas que son père ne l'eût comprise ; elle lui serra la main, mais en silence, afin de n'être entendue que de lui, car elle connaissait le cœur de sa mère, et était bien aise de retarder l'instant qui devait le déchirer. « Mon Dieu, s'écria Springer, pardonnez « mes murmures ; je connaissais tous les « biens que vous m'aviez ravis, et non ceux « que vous me destiniez ; Élisabeth, tu as « effacé en ce jour douze années d'adversité. « Mon père, répondit-elle, puisqu'on entend « de semblables paroles sur la terre, ne dis « plus qu'il ne s'y trouve pas de bonheur ; « mais parle, réponds-moi, je t'en conjure : « quel est ton nom, ta patrie, tes malheurs ? « — Mes malheurs, je n'en ai plus ; ma patrie, où je vis auprès de toi ; mon nom, « l'heureux père d'Élisabeth. O mon enfant ! « interrompit Phédora, je pouvais donc t'aimer davantage ; tu viens de consoler ton « père. » A ces mots, la fermeté de Springer

fut tout-à-fait vaincue ; il serra dans ses bras sa femme et sa fille ; et, les baignant de ses larmes, il répétait d'une voix entrecoupée : « Mon Dieu, pardonnez, j'étais un ingrat ; « pardonnez, ne punissez pas. » Quand cette violente émotion fut un peu calmée, Springer dit à sa fille : « Mon enfant, je vous « promets de vous instruire de tout ce que « vous désirez savoir ; mais attendez quel- « ques jours encore, je ne pourrais vous « parler de mes malheurs aujourd'hui, vous « venez de me les faire oublier. »

L'obéissante Élisabeth n'osa point le presser davantage, et attendit avec respect l'instant où il voudrait s'expliquer : mais elle l'attendit vainement ; Springer semblait le craindre et le fuir ; il avait deviné son projet, et aucun terme ne pourrait exprimer l'admiration et la reconnaissance de ce tendre père ; il ne se sentait pas le droit de refuser à sa fille le consentement qu'elle allait lui demander : mais il ne se sentait pas non plus le courage de le donner. Sans doute ce moyen était le seul qui lui laissât quelques espérances de sortir de l'exil, et de replacer Élisabeth au rang qui lui était dû : mais, quand il considérait les fatigues inouïes et les terribles dangers de ce voyage, il n'en pouvait supporter la pensée. Pour rétablir sa famille et retrouver son pays, il eût donné sa vie : mais il ne pouvait pas risquer celle de sa fille.

Le silence de Springer dictait à Élisabeth la conduite qu'elle devait tenir; elle était sûre que son père l'avait devinée, qu'il était touché de ce qu'elle voulait faire : mais, s'il eût approuvé son projet, aurait-il évité avec tant de soin de lui en parler? En effet, ce projet était si extraordinaire que ses parens ne pouvaient le voir que comme une pieuse et tendre folie. Pour parvenir à le leur faire adopter, il était nécessaire qu'elle le présentât sous le jour le plus favorable, dégagé de ses plus grands obstacles, protégé de l'aide et des conseils de Smoloff. Jusque-là il serait rejeté, elle n'en doutait point. Elle se décida donc à se taire encore, et à n'achever d'ouvrir son cœur à ses parens que quand elle aurait eu un entretien avec Smoloff sur ce sujet. Comme elle prévoyait aussi qu'une des plus fortes raisons que ses parens opposeraient à son départ, serait l'impossibilité de lui laisser faire, à son âge, huit cents lieues à pied, dans le climat le plus rigoureux du monde; et, pour répondre d'avance à cette difficulté, elle essayait chaque jour ses forces dans les landes d'Ischim : aucun temps ne la retenait; soit que le vent chassât la neige avec violence, soit qu'un brouillard épais lui cachât la vue de tous les objets, elle partait toujours, quelquefois malgré ses parens, et s'exerçait ainsi peu à peu à braver leurs ordres et les tempêtes.

Les hivers de Sibérie sont sujets aux orages; souvent, au moment où le ciel paraît le plus serein, des ouragans terribles viennent l'obscurcir tout à coup. Partis des deux points opposés de l'horizon, l'un arrive chargé de toutes les glaces de la mer du Nord [1], et

[1] La mer du Nord dont il est parlé ici n'est point cette partie de l'Océan qui est entre l'Angleterre, l'Allemagne le Danemarck et la Norvège, mais cette mer qui baigne les côtes orientales de l'Amérique (*the North Pacific Ocean*). Elle est appelée ainsi par opposition à celle qui en baigne les côtes occidentales, et qui s'appelle mer du Sud (*the Pacific Ocean, or Greath South Sea*).

l'autre des tourbillons orageux de la mer Caspienne : s'ils se rencontrent, s'ils se choquent, les sapins opposent en vain à leur furie leurs troncs robustes et leurs longues pyramides; en vain les bouleaux plient jusqu'à terre leurs flexibles rameaux et leur mobile feuillage, tout est rompu, tout est renversé; les neiges roulent du haut des montagnes; entraînées par leur chute, d'énormes masses de glace éclatent et se brisent contre la pointe des rochers qui se brisent à leur tour, et les vents, s'emparant des débris des monts qui s'écroulent, des cabanes qui s'abîment, des animaux qui succombent, les enlèvent dans les airs, les poussent, les dispersent, les rejettent vers la terre, et couvrent des espaces immenses des ruines de toute la nature.

Dans une matinée du mois de janvier, Élisabeth fut surprise par une de ces horribles tempêtes; elle était alors dans la grande plaine des Tombeaux, près de la petite chapelle des bois. A peine vit-elle le ciel s'obscurcir qu'elle se réfugia dans cet asile sacré. Bientôt les vents déchaînés vinrent heurter contre ce frêle édifice, et, l'ébranlant jusqu'en ses fondemens, menaçaient à toute heure de le renverser. Cependant Élisabeth, courbée devant l'autel, n'éprouvait aucun effroi, et l'orage qu'elle entendait gronder autour d'elle atteignait tout, hors son cœur. Sa vie pouvant être utile à ses parens, elle était sûre qu'à cause d'eux, Dieu veillerait sur sa vie, et qu'il ne la laisserait pas mourir avant qu'elle les eût délivrés. Ce sentiment, qu'on nommera superstitieux peut-être, mais qui n'était autre chose que cette voix du ciel que la piété seule fait entendre; ce sentiment, dis-je, inspirait à Élisabeth un courage si tranquille, qu'au milieu du bouleversement des élémens, et sous l'atteinte même de la foudre, elle ne put s'empêcher de céder à la fatigue qui l'accablait, et, se couchant au pied de l'autel où elle venait de prier, elle s'endormit paisiblement comme l'innocence dans les bras d'un père, comme la vertu sur la foi d'un Dieu.

En ce même jour, Smoloff était revenu de Tobolsk; son premier soin, en arrivant à Saïmka, avait été de se rendre à la cabane des exilés. Il apportait à Phédora la permission qu'elle avait sollicitée. Elle et sa fille allaient être libres de se rendre tous les dimanches à l'office de Saïmka ; mais, loin que cette grâce s'étendît jusqu'à Springer, les ordres de la cour à son égard étaient plus sévères que jamais, et, en permettant à Smoloff de le revoir une fois encore, le gouverneur de Tobolsk avait plus consulté son cœur que son devoir. Au reste, cette visite devait-être la dernière, le jeune homme l'avait juré à son père. Il était cruellement affligé de tant de rigueur : mais, en s'avançant vers la demeure d'Élisabeth, insensiblement sa tristesse se changeait en joie, et il sentait moins le chagrin qu'il aurait à la quitter que le charme qu'il allait goûter à la revoir. Dans la première jeunesse, la jouissance du bonheur présent a quelque chose de si vif, de si complet, qu'elle fait oublier toute pensée d'avenir. On est alors trop occupé d'être heureux pour songer si on le sera toujours, et la félicité remplit si bien le cœur, que la crainte de la perdre n'y peut trouver place. Mais, en entrant dans la cabane, Smoloff chercha vainement Élisabeth; elle n'y était point : il prévit qu'il serait peut-être obligé de repartir avant qu'elle fût de retour, et le sincère jeune homme ne sut point dissimuler sa peine. En vain Phédora, bénissant la main qui lui rouvrait la maison de Dieu et celle qui avait sauvé son époux, lui adressait les plus tendres expressions de sa reconnaissance; en vain Springer le nommait l'appui, la providence des infortunés, il demeurait faiblement touché de ce qu'il entendait; il répondait à peine, et le nom d'Élisabeth s'échappait à tout moment de sa bouche. Son trouble révéla aux exilés une partie de son secret; peut-être en devint-il plus cher à Phédora. Cet amour, dont sa fille était l'objet, flattait vivement son orgueil, et ce n'est pas un faible orgueil que celui d'une mère. Springer, moins accessible à cette tendre faiblesse, et craignant seulement que sa fille ne s'aperçût d'un sentiment qui pouvait troubler son repos, pressait Smoloff d'obéir à son père, en terminant au plus tôt une visite que sous mille prétextes ce jeune homme s'efforçait de prolonger. Sur ces entrefaites l'orage se déclara, et les exilés tremblèrent pour leur fille. « Élisabeth! que va devenir mon Élisabeth! » s'écriait la mère désolée. Springer prit son bâton en silence, et ouvrit la porte pour aller chercher sa fille; Smoloff se précipita sur ses pas. Le vent soufflait avec violence; les arbres se rompaient de tous côtés; il y allait de la vie à traverser la forêt. Springer voulut le représenter à Smoloff, et l'empêcher de le suivre; il ne put y réussir : le jeune homme voyait bien le péril, mais il le voyait avec joie : il était heureux de le braver pour Élisabeth. Les voilà tous deux dans la forêt : « De quel côté irons-nous? demande « Smoloff. Vers la grande lande, reprend « Springer : c'est là qu'elle va tous les jours, « j'espère qu'elle se sera réfugiée dans la « chapelle. » Ils n'en disent pas davantage, ils ne se parlent point, leur inquiétude est pareille, ils n'ont rien à s'apprendre, ils marchent avec la même intrépidité, s'inclinant, se baissant pour se garantir du choc des branches fracassées, de la neige que le vent chassait dans leurs yeux, et des éclats de rochers que la tempête faisait tourbillonner sur leurs têtes. En atteignant la lande, ils cessèrent d'être menacés par le déchirement des arbres de la forêt; mais, sur cette plaine rase, ils étaient poussés, renversés par les rafales de vent qui soufflaient avec furie; enfin, après bien des efforts, ils gagnèrent la petite chapelle de bois où ils espéraient qu'Élisabeth se serait réfugiée : mais, en apercevant de loin ce pauvre et faible abri dont les planches disjointes craquaient horriblement, et semblaient prêtes à s'enfoncer, ils commencèrent à frémir de l'idée qu'elle était là. Animé d'une ardeur extraordinaire, Smoloff devance le père de quelques pas; il entre le premier, il voit...., est-ce un songe? il voit Élisabeth, non pas effrayée, pâle et tremblante, mais doucement endormie au pied de l'autel. Frappé d'une inexprimable surprise, il s'arrête, la montre à Springer en silence, et tous deux, par un même sentiment de respect, tombent à genoux auprès de l'ange qui dort sous la protection du ciel. Le père se penche sur le visage de son enfant, le jeune homme baisse les yeux avec modestie, et se recule, comme n'osant regarder de trop près une si divine innocence. Élisabeth s'éveille, reconnaît son père, se jette dans ses bras, et s'écrie : « Ah ! « je le savais bien que tu veillais sur moi. » Springer la serre dans ses bras avec une sorte d'étreinte convulsive. « Malheureuse enfant, « lui dit-il, dans quelles angoisses tu nous as « jetés, ta pauvre mère et moi ! Mon père, « pardonne-moi ses larmes, répond Élisa-« beth, et allons les essuyer. » Elle se lève et voit Smoloff. « Ah ! dit-elle avec une douce « surprise, tous mes protecteurs veillaient « donc sur moi : Dieu, mon père et vous. » Le jeune homme ému retient son cœur prêt à s'échapper. « Imprudente ! reprend Sprin-« ger, tu parles d'aller retrouver ta mère, « sais-tu seulement si le retour est possible, « et si ta faiblesse résistera à la violence de la « tempête, quand M. de Smoloff et moi n'y « avons échappé que par miracle ? Essayons, « répond-elle : j'ai plus de force que tu ne « crois ; je suis bien aise que tu t'en assures, « et que tu voies toi-même ce que je puis « faire pour consoler ma mère. » En parlant ainsi, ses yeux brillent d'un si grand con-rage, que Springer voit bien qu'elle n'a point abondonné son projet; elle s'appuie sur le bras de son père, elle s'appuie aussi sur celui de Smoloff: tous deux la soutiennent, tous deux garantissent sa tête, en la couvrant de leurs vastes manteaux. Ah! c'est bien alors que Smoloff ne put s'empêcher d'aimer ce tonnerre, ces vents épouvantables qui font chanceler Élisabeth et l'obligent à se presser contre lui. Il ne craint point pour sa propre vie qu'il exposerait mille fois pour prolonger de pareils momens; il ne craint point pour celle d'Élisabeth, il est sûr de la sauver: dans l'exaltation qui le possède, il défierait toutes les tempêtes de pouvoir l'en empêcher.

Cependant le ciel ne menace plus, les nuages s'éclaircissent, ils cessent de fuir avec une effrayante rapidité; le vent tombe et s'apaise; le cœur de Springer se rassure, celui de Smoloff gémit. Élisabeth dégage son bras; elle veut marcher seule; elle veut braver aux yeux de son père ce reste d'orage qui agite encore les airs; elle est fière de ses forces, elle éprouve une sorte d'orgueil à les montrer à son père; elle espère le convaincre qu'elle n'en manquera point pour aller chercher sa grâce, fallût-il aller la chercher à l'autre extrémité du monde.

Phédora les reçoit tous trois dans ses bras en bénissant le Dieu qui les ramène, et console sa fille des larmes que sa fille vient de lui coûter; elle fait sécher ses bottes de poil d'écureuil, lui ôte son bonnet fourré, et peigne ses longs cheveux. Ces soins maternels, si simples et si tendres, qu'Élisabeth reçoit tous les jours, et dont son cœur est tous les jours plus touché, émeuvent vivement le jeune Smoloff; il sent qu'il est impossible d'aimer Élisabeth sans aimer aussi sa mère, et qu'au bonheur d'être l'époux de cette jeune fille tient un bonheur presqu'aussi grand, celui d'être le fils de Phédora.

L'orage était entièrement dissipé, le ciel était serein, la nuit s'approchait. Springer prit la main du jeune homme, la serra avec un sentiment douloureux et tendre, et lui rappela qu'il était temps de partir. Alors seulement Élisabeth apprit qu'il était venu pour la dernière fois; elle rougit et se troubla: « Quoi! lui dit-elle, ne vous reverrai-

« je plus? Ah! répond-il, avec une grande « vivacité, tant que je serai libre, et aussi « long-temps que vous habiterez ces déserts, « je ne quitte plus Saïmka: je vous verrai « dans la forêt, dans la plaine, sur les bords « du fleuve; je vous verrai partout. » Il s'arrête subitement, surpris lui-même de ce qu'il éprouve et de ce qu'il exprime, mais il n'a point été compris par Élisabeth: dans ce qu'il vient de dire elle n'a vu que la certitude de pouvoir bientôt lui confier ses projets; et, rassurée par cette espérance, elle le voit partir avec moins de regret.

Quand le dimanche fut arrivé, Élisabeth et sa mère se préparèrent de bonne heure à partir pour Saïmka. Springer leur dit adieu le cœur un peu serré; depuis leur exil, c'était la première fois qu'il restait seul dans sa chaumière; mais il sut dérober son émotion à leurs yeux, et les bénit d'une voix calme, en les recommandant aux bontés du Dieu qu'elles allaient implorer. Le temps était beau, la route leur parut courte; la jeune paysanne tartare leur servit de guide dans la forêt et jusqu'au village de Saïmka. En entrant dans l'église, les regards de tout le monde se tournèrent vers elles; mais elles ne tournèrent les leurs que vers Dieu.

Le cœur plein d'une égale piété, la tête baissée, elles s'avancèrent vers l'autel, se prosternèrent humblement, prononcèrent les mêmes vœux en faveur du même objet, et si ceux d'Élisabeth furent plus étendus que ceux de sa mère, Dieu ne les entendit pas moins.

Pendant tout le temps de la cérémonie, cette jeune fille ne leva pas le voile qui couvrait son visage; sa pensée, toute à Dieu et à son père, ne fut pas même jusqu'à celui dont elle attendait du secours. Le pieux concert de toutes les voix qui se réunissaient pour chanter l'hymne divin lui fit une impression profonde, et qui tenait de l'extase; elle n'avait jamais entendu rien de pareil; il lui semblait voir les cieux ouverts et Dieu lui-même lui présenter un de ses anges pour la conduire pendant sa route. Cette vision ne cessa qu'avec la musique; alors seulement Élisabeth leva la tête, et le premier objet qu'elle vit fut le jeune Smoloff debout à quelques pas, le dos appuyé contre un pilier, et les yeux fixés sur elle avec la plus tendre expression. Elle crut voir l'ange que Dieu venait de lui promettre, l'ange qui devait l'aider à délivrer son père; elle le regarda avec beaucoup de reconnaissance. Smoloff fut ému; ce regard lui semblait d'accord avec ce qu'il trouvait dans son propre cœur.

En sortant de l'église, il proposa à Phédora de la reconduire dans son traîneau jusqu'à l'entrée de la forêt; elle y consentit avec joie: c'était un moyen de retrouver plus tôt son époux; mais Élisabeth éprouva un véritable chagrin de cet arrangement. En marchant à pied, elle se flattait de trouver le moment de parler en secret à Smoloff: dans un traîneau cela devenait impossible. Pouvait-elle s'ouvrir devant sa mère, qui, n'ayant aucune idée de son projet, le repousserait avec effroi, et défendrait au jeune homme d'y donner le moindre encouragement? Cependant allait-elle encore perdre cette occasion favorable, cette occasion peut-être unique, de révéler son projet à Smoloff? Le trouble, l'incertitude agitaient son cœur; déjà le traîneau touchait aux premiers arbres de la forêt; Smoloff lui-même avait déclaré ne pouvoir pas aller plus loin. Cependant, ne pouvant se résoudre à quitter sitôt Élisabeth, il poussa jusqu'aux bords du lac; mais là il fallut s'arrêter. Phédora descendit la première; en lui donnant la main, Smoloff lui dit: « Ne venez-vous pas vous « promener ici quelquefois? » Élisabeth, qui descend après sa mère, répond d'une voix basse et précipitée: « Non pas ici; mais de- « main, demain, dans la petite chapelle de « la plaine. » Elle venait de donner un rendez-vous, mais elle ne le savait pas: elle croyait n'avoir parlé que pour son père; et, en voyant dans les yeux de Smoloff qu'il avait entendu sa prière, une douce joie éclata dans les siens.

Tandis que sa mère et elle marchent vers leur cabane, Smoloff s'en retourne seul à travers la forêt, plongé dans les plus délicieuses rêveries. Après ce qu'il vient d'entendre, comment ne serait-il pas sûr d'être aimé d'Élisabeth? Et, avec ce qu'il connaît d'elle, comment ne serait-il pas transporté de son bonheur?

Ce ne fut point avec le trouble d'une démarche hasardée, mais avec toute la sécurité de l'innocence qu'Élisabeth se rendit le lendemain à la petite chapelle de bois. Sa marche était plus légère, plus rapide; elle faisait les premiers pas vers la délivrance de son père. Le soleil jetait sa lumière sur une plaine de neige; mille glaçons attachés aux arbres multipliaient sa brillante image sous toutes les formes et dans des miroirs de toutes les grandeurs: mais cet éclat si divin et si pur était moins pur et moins divin que le cœur d'Élisabeth. Elle entre dans la chapelle; Smoloff n'y est point encore: ce retard la trouble, un léger nuage parait dans ses yeux. Ah! ce n'est ni la vanité, ni l'amour qui l'y place. En ce moment, ni les faiblesses, ni les passions ne peuvent s'élever jusqu'à Élisabeth; mais elle craint qu'un accident, une circonstance imprévue n'arrêtent les pas de celui qu'elle attend. Inquiète, elle demande à Dieu de ne pas prolonger plus long-temps l'incertitude où elle vit. Tandis qu'elle prie, Smoloff accourt; il est surpris qu'elle l'ait devancé, il s'était hâté beaucoup. On va vite sans doute quand c'est la passion qui entraîne; mais Élisabeth venait de prouver en ce jour que la vertu qui court à son devoir peut aller plus vite encore.

En voyant Smoloff, elle lève les yeux et les mains au ciel, et se tournant ensuite vers lui avec une grâce vive et touchante. « Ah ! « monsieur, lui dit-elle, avec quelle impa-« tience je vous attendais ! » Ces mots, l'expression de ses regards, ce rendez-vous, l'exactitude qu'elle a mise à s'y rendre, tout confirme au jeune homme qu'il est aimé; il va aussi dire qu'il aime, elle ne lui en donne pas le temps : « M. Smoloff, s'écrie-t-elle, « écoutez-moi; j'ai besoin de vous pour sauver « mon père, promettez-moi votre appui. » Ce peu de mots confond toutes les idées du jeune homme : troublé, confus, il pressent sa méprise, mais n'en aime pas moins Élisabeth. Il tombe à genoux, elle croit que c'est devant Dieu : non, c'est devant elle; il jure d'obéir. Elle reprend ainsi : « Depuis que j'ai « commencé à me connaître, mes parens « ont été ma seule pensée, leur amour mon « unique bien, leur bonheur le but de ma

« vie entière. Ils sont malheureux, Dieu m'ap-
« pelle à les secourir, et il ne vous a envoyé
« ici que pour m'aider à remplir ma destinée.
« M. de Smoloff, je veux aller à Pétersbourg
« demander la grâce de mon père. » Il fit un geste de surprise comme pour combattre ce projet; elle se hâta d'ajouter: « Je ne pour-
« rais vous dire moi-même depuis quel temps
« cette pensée est entrée dans mon esprit; il
« me semble que je l'ai reçue avec la vie,
« que je l'ai sucée avec le lait; elle est la
« première dont je me souvienne; elle ne m'a
« jamais quittée: je m'endors, je m'éveille,
« je respire avec elle; c'est elle qui m'a tou-
« jours occupée auprès de vous; c'est elle
« qui m'amène ici; c'est elle qui m'inspire le
« courage de ne craindre ni la fatigue, ni la
« misère, ni la mort, ni les rebuts; c'est elle
« qui me ferait désobéir à mes parens, s'ils
« m'ordonnaient de ne pas partir. Vous voyez,
« M. Smoloff, qu'il serait inutile de me com-
« battre, et que de pareilles résolutions ne
« peuvent être ébranlées. »

Pendant ce discours, les tendres espérances du jeune homme s'étaient toutes évanouies;

mais il goûtait jusqu'à l'ivresse le sentiment de l'admiration, et l'héroïsme de cette jeune fille lui arrachait des larmes aussi douces peut-être que celles de l'amour. « Ah! lui dit-« il, heureux, mille fois heureux que vous « m'ayez choisi pour vous entendre, pour « vous aider, mais vous ne connaissez point « tous les obstacles... Deux seuls m'ont in-« quiétée, interrompit-elle, et il n'y a peut-« être que vous au monde qui puissiez les « lever. Parlez, parlez, lui dit-il, impatient « d'obéir: que pouvez-vous demander qui ne « soit au-dessous de ce que je voudrais faire? « Ces obstacles, les voici, répondit Élisabeth: « j'ignore la route que je dois prendre, et je « ne suis pas sûre que ma fuite ne nuise pas « à mon père; il faut donc que vous m'in-« diquiez mon chemin, les villes que je trou-« verai sur mon passage, les maisons hos-« pitalières qui recueilleront ma misère, le « moyen le plus sûr de faire passer ma re-« quête à l'empereur; mais, avant tout, il « faut que vous me répondiez que votre père « ne punira pas le mien de mon absence. » Smoloff en répondit. « Mais, ajouta-t-il,

« savez-vous à quel point l'empereur est irrité « contre votre père? savez-vous qu'il le re- « garde comme son plus mortel ennemi? « J'ignore, dit-elle, de quel crime on peut « l'accuser; je ne connais encore ni son vrai « nom, ni sa patrie; mais je suis sûre de son « innocence. Quoi! repartit Smoloff, vous « ne savez point quel était le rang de votre « père; ni le nom que vous lui rendrez? Non, « je ne le sais point, répondit-elle. O fille « étonnante! s'écria-t-il, pas un mouvement « d'orgueil, de vanité dans ton dévouement; « tu ne sais point ce que tu vas reconquérir: « tu n'as pensé qu'à tes parens; mais qu'est-ce « que la grandeur de ta naissance devant celle « de ton âme? qu'est-ce auprès de tes senti- « mens que le nom des.....? Arrêtez, inter- « rompit-elle vivement; ce secret est celui « de mon père, et je ne dois l'apprendre que « de lui. Elle a raison, repartit Smoloff dans « une sorte d'enthousiasme; rien n'est assez « bien pour elle quand elle peut encore faire « mieux. » La jeune fille reprit la parole pour lui demander quand il lui donnerait les lumières dont elle avait besoin pour sa route.

« Je vais y travailler, lui dit-il; mais, Élisabeth, croyez-vous que vous puissiez « traverser les trois mille cinq cents verstes « qui séparent le cercle d'Ischim de la pro- « vince d'Ingrie, seule, à pied, sans secours? « Ah! s'écria-t-elle en se prosternant devant « l'autel, celui qui m'envoie au secours de « mes parens ne m'abandonnera pas. » Smoloff, les yeux pleins de larmes, lui répondit après un moment de silence: « Il est impos- « sible que vous songiez à une telle entreprise « avant les beaux jours; maintenant elle serait « impraticable. Voici la saison où les trai- « nages vont être interrompus, et où vous « seriez inondée dans les forêts humides de « la Sibérie; je vous reverrai dans quelques « jours, Élisabeth; alors seulement je pourrai « vous dire tout ce que je pense d'un projet « qui m'a trop ému pour que j'aie pu le juger. « Je retournerai à Tobolsk, je veux parler à « mon père... Mon père est le meilleur des « hommes; il y aurait bien plus d'infortunés « ici s'il n'y commandait pas. Les grandes « actions plaisent à son cœur: il n'est pas « libre de vous aider, son devoir le lui dé-

« fend; mais, je vous le jure, il ne punira « pas votre père d'avoir donné le jour à une « fille si vertueuse. Ah! qu'il s'enorgueilli- « rait au contraire de vous nommer la sienne! « Élisabeth, pardonnez, c'est malgré moi que « mon cœur se déclare : je sais bien qu'il ne « peut y avoir de place dans le vôtre pour un « autre sentiment que pour celui qui l'oc- « cupe, je n'attends donc rien; mais, s'il « vient un jour où vos parens, rendus à leur « patrie, soient heureux et vous tranquille, « souvenez-vous alors que dans ces déserts « Smoloff vous vit, vous aima; et qu'il eût « préféré y vivre obscur et pauvre avec Éli- « sabeth, fille d'un exilé, à tous les honneurs « que le monde pourrait lui offrir. » Il ne peut achever, des larmes étouffent sa voix; lui-même s'étonne d'une si extraordinaire émotion, car jusqu'alors il n'avait jamais été faible; mais jusqu'alors il n'avait point aimé.

Cependant Élisabeth est demeurée immobile; l'idée d'un autre amour que l'amour filial lui paraît si nouvelle qu'à peine elle la conçoit : peut-être lui eût-elle paru moins étrange, si son cœur avait eu de la place pour la recevoir; peut-être que si elle avait vu ses parens heureux, Smoloff aurait été aimé; s'ils le sont un jour, peut-être l'aimera-t-elle: mais, tant qu'ils seront dans l'infortune, elle demeurera fidèle dans sa pieuse passion; pour en contenir deux, le cœur humain, tout vaste qu'il est, ne l'est point encore assez.

Élisabeth n'a jamais vécu dans le monde, elle en ignore les usages et les bienséances; cependant une sorte de pudeur, qui est comme l'instinct de la vertu, lui apprend qu'après l'aveu qu'elle vient d'entendre, une jeune fille ne doit point rester seule avec le jeune homme qui l'a osé faire. Elle marche vers la porte, elle va sortir. Smoloff, qui voit son dessein, lui dit : « Élisabeth, vous aurais-je « offensée? ah! j'atteste ce Dieu ici présent, « que s'il y a de l'amour dans mon cœur, il « n'y a pas moins de respect; il sait que, si « vous me l'ordonnez, je puis me taire et « mourir : comment donc, Élisabeth, pour« rais-je vous avoir offensée? Vous ne m'a« vez point offensée, répondit-elle avec dou« ceur; mais je ne suis venue ici que pour

« vous parler en faveur de mes parens : « maintenant que vous m'avez entendue, je « n'ai plus rien à vous dire, et je vais les « retrouver. Eh bien, noble fille, retourne « à ton devoir : en m'associant à lui, tu m'as « rendu digne de toi ; et, loin de jamais songer « à t'en écarter, même dans ma plus secrète « pensée, je ne vais m'occuper que de t'aider « à le remplir. »

Alors il lui promit de lui remettre le dimanche suivant, à l'église de Saïmka, toutes les notes et les renseignemens dont elle aurait besoin pour l'exécution de son projet ; et ils se séparèrent.

Quand le dimanche arriva, Élisabeth suivit sa mère avec joie à Saïmka ; elle était impatiente de retrouver Smoloff, et de recevoir enfin toutes les instructions qui allaient faciliter son départ. Cependant la cérémonie finit, et Smoloff ne parut point ; Élisabeth devint inquiète. Pendant que sa mère priait encore, elle demanda à une vieille femme si M. de Smoloff n'était pas dans l'église ; on lui répondit que non, et qu'il était parti depuis deux jours pour Tobolsk. A ce mot, Élisabeth fut frappée d'une véritable douleur : l'objet de ses plus chers désirs semblait toujours fuir devant elle au moment où elle se croyait prête à l'atteindre. Mille craintes funestes la troublèrent : puisque Smoloff avait quitté Saïmka sans se souvenir de sa promesse, qui lui répondait qu'il s'en souviendrait à Tobolsk ? et alors quel serait son recours ? Cette pensée la poursuivit tout le jour ; et le soir, accablée d'un chagrin d'autant plus cruel qu'elle en portait seule tout le poids, et qu'elle employait tout son courage à le dérober aux yeux de ses parens, elle se retira de bonne heure dans son petit réduit, afin de se livrer, du moins sans contrainte, à l'inquiétude qui la tourmentait. Aussitôt qu'elle fut sortie, Phédora pencha sa tête sur le sein de son époux, et lui dit : « Écoute la sollicitude qui pèse sur mon « cœur. N'as-tu pas remarqué le changement « de notre Élisabeth ? Près de nous elle est « pensive : le nom de Smoloff la fait rougir, « son absence l'inquiète ; ce matin à l'église « elle était préoccupée, ses regards erraient « de tous côtés ; je l'ai entendue demander

« si Smoloff n'était point à Saïmka; et elle est « devenue pâle comme la mort quand on lui « a dit qu'il était parti pour Tobolsk. O Stanislas! je m'en souviens, dans ces jours qui « précédèrent celui où je devins ton heureuse « épouse, c'est ainsi que je rougissais quand « on me parlait de toi : c'est ainsi que mes « yeux te cherchaient partout, et qu'ils se « remplissaient de larmes quand ils ne te « rencontraient pas... Hélas! ces symptômes « d'un amour qui ne devait point finir, comment ne les verrais-je point avec terreur « dans l'âme de ma fille? elle n'est pas destinée à être heureuse comme sa mère. Heureuse! reprit Springer avec amertume; heureuse dans le désert, dans l'exil! Oui, dans « le désert, dans l'exil, interrompit vivement « Phédora, heureuse partout où l'on aime. » Et ses bras serrèrent son époux contre son sein. Mais bientôt, revenant à la première pensée qui l'occupait, elle dit : « Je crains « que mon Élisabeth n'aime le jeune Smoloff: « toute charmante qu'elle est, cependant il « ne verra en elle que la fille d'un pauvre « exilé; il la dédaignera, et mon unique en-

« fant, née de mon sang, nourrie de mon « lait, mourra, comme sa mère, avec son « amour... »

En parlant ainsi, elle pleurait, et la vue de son époux qui la console de tout, ne pouvait la consoler du malheur de sa fille. Springer réfléchit un moment, puis il répondit : « Phédora, ma bien-aimée, calme « tes craintes; j'ai étudié aussi notre Élisa- « beth ; peut-être ai-je vu plus avant que toi « dans son âme; une autre pensée que celle « de Smoloff l'occupe tout entière, j'en suis « sûr ; je suis aussi sûr que si nous la vou- « lions donner à Smoloff il ne la dédaigne- « rait point, même dans ce désert, et ce sen- « timent le rendrait digne de l'obtenir, si « jamais... Non, Élisabeth ne restera pas « toujours dans ce désert, elle ne demeurera « pas inconnue, elle ne sera pas malheu- « reuse, cela est impossible : tant de vertus « sur la terre annoncent une justice dans le « ciel; tôt ou tard elle se montrera. »

Depuis leur exil, c'était la première fois que Springer n'avait pas désespéré de l'avenir. Phédora en conçut les plus doux présages; et, rassurée par les paroles de son époux, elle s'endormit paisiblement entre ses bras.

Pendant deux mois, Élisabeth alla chaque dimanche à Saïmka, s'attendant toujours à y trouver Smoloff. Ce fut en vain; il ne parut plus, et même elle apprit qu'il avait quitté Tobolsk. Alors toutes ses espérances l'abandonnèrent; elle ne douta plus que Smoloff ne l'eût entièrement oubliée; et plus d'une fois elle versa sur cette pensée des larmes amères, dont la plus pure innocence n'aurait pu lui faire un reproche. Vers la fin d'avril, un soleil plus doux venait de fondre les dernières neiges; les îles sablonneuses des lacs commençaient à se couvrir d'un peu de verdure, l'aubépine épanouissait ses grosses houpes blanches, semblables à des flocons d'une neige nouvelle, et la campanule avec ses boutons d'un bleu pâle, le vélar qui élève ses feuilles en forme de lance, et l'armoise cotonneuse, tapissaient le pied des buissons. Des nuées de merles noirs s'abattaient par troupes sur les arbres dépouillés, et interrompaient les premiers le morne silence de l'hiver; déjà sur les bords du fleuve voltigeait çà et là le beau canard de Perse, couleur de rose, avec son bec noir et sa hupe sur sa tête, qui, toutes les fois qu'on le tire, jette des cris perçans, même lorsqu'on l'a manqué; et dans les roseaux des marais accouraient des bécasses de toute espèce, les unes noires avec des becs jaunes, les autres hautes en jambes avec un collier de plume. Enfin, un printemps prématuré semblait s'annoncer à la Sibérie, et Élisabeth, pressentant tout ce qu'elle allait perdre si elle manquait une année si favorable pour son voyage, prenait la résolution hardie de poursuivre son projet, et de ne compter, pour en assurer le succès, que sur elle et sur Dieu.

Un matin, Springer s'occupait à labourer son jardin; assise près de lui, Élisabeth le regardait en silence; il ne lui avait point confié encore le secret de son infortune, et elle ne cherchait plus cette confidence. Il s'était élevé dans son âme une sorte de tendre fierté qui lui faisait désirer de ne connaître les malheurs de ses parens que quand elle serait au moment de partir, et de n'entendre le récit de tout ce qu'ils avaient perdu que quand elle pourrait leur répondre : Je vais tout vous rendre. Jusqu'à ce jour, elle avait compté sur les promesses de Smoloff, et c'était là-dessus qu'elle avait fondé des espérances raisonnables ; mais, après les espérances, il en est d'autres encore, et ce furent celles-là qui la déterminèrent à parler. Cependant, avant de commencer, elle repasse dans sa tête toutes les objections qu'on va lui faire, tous les obstacles qu'on va lui opposer : ils sont terribles, elle le sait, Smoloff le lui a dit, et elle est bien sûre que la tendresse de ses parens les exagérera encore. Que répondra-t-elle à leurs frayeurs, à leurs ordres, à leurs prières? Que répondra-t-elle, quand ils lui diront que les joies de la patrie ne sont rien pour eux au prix de l'absence de leur enfant? Un instant elle oublie que son père est auprès d'elle, et, tout en larmes, elle tombe à genoux en demandant à Dieu de lui accorder l'éloquence nécessaire pour persuader ses parens. Springer, qui l'entend pleurer, se retourne, court à elle, la prend dans ses bras, et lui dit :

« Élisabeth, qu'as-tu? que veux-tu? Ah! si « ton cœur est déchiré, pleure du moins « dans le sein de ton père. Mon père, ré-« pond-elle, ne me retiens plus ici; tu sais « que je veux partir: permets-moi de partir; « je le sens, c'est Dieu lui-même qui m'ap-« pelle... » Elle ne peut achever. La jeune Tartare accourt: « M. de Smoloff, leur dit-« elle; voici M. de Smoloff. » Élisabeth jette un cri de joie, serre les deux mains de son père contre sa poitrine, en ajoutant: « Tu « le vois bien, c'est Dieu lui-même qui « m'appelle; il envoie celui qui peut m'ou-« vrir les chemins, il n'y a plus d'obstacles. « O mon père! ton heureuse fille brisera ta « chaine. » Sans attendre sa réponse, elle court au-devant de Smoloff; elle rencontre sa mère, elle la serre dans ses bras, l'entraîne en s'écriant: « Viens, ma mère, il est re-« venu, M. de Smoloff est ici. » Elles entrent dans leur chambre, et y trouvent un homme de cinquante ans, en habit d'uniforme, et suivi de plusieurs officiers. La mère et la fille s'arrêtent avec surprise. « Voici M. de Smo-« loff, leur dit la jeune Tartare. » A ces mots, toutes les espérances qui venaient de rentrer dans le cœur d'Élisabeth, l'abandonnent une seconde fois; elle pâlit, ses yeux se remplissent de larmes. Phédora, frappée de la vivacité de cette impression, s'approche de sa fille, se place devant elle, afin de cacher son trouble; heureuse si, en lui donnant sa vie, elle avait pu la délivrer de la funeste passion dont elle la croyait dévorée.

Le gouverneur de Tobolsk fit éloigner sa suite; et, dès qu'il fut seul avec les exilés, il se tourna vers Springer, et lui dit : « Monsieur, depuis que la prudence de la cour « de Russie a cru devoir vous envoyer ici, « voici la première fois que je viens visiter « ce cercle éloigné; ce devoir m'est doux, « puisqu'il me permet de montrer à un illustre « proscrit toute la part que je prends à son « infortune; je gémis que ce même devoir me « défende de le secourir et de le protéger. »

« Je n'attends rien des hommes, Monsieur, « interrompit froidement Springer; je ne veux « point de leur pitié, et je n'espère rien de « leur justice : heureux dans mon malheur « de ce qu'ils m'ont placé aussi loin d'eux,

« je passerai mes jours dans ces déserts, sans « me plaindre. Ah! Monsieur, reprit le gou- « verneur avec émotion, pour un homme « comme vous, vivre loin de sa patrie est un « affreux destin! Il en est un plus affreux « encore, monsieur le Gouverneur, repartit « Springer, c'est de mourir loin d'elle. » Il n'acheva point; s'il eût ajouté un mot, peut-être eût-il versé une larme, et l'illustre infortuné ne voulait pas se montrer moins grand que son malheur. Élisabeth, cachée derrière sa mère, regardait timidement par-dessus son épaule si l'air et la physionomie du gouverneur annonçaient assez de bonté pour qu'elle osât s'ouvrir à lui. Ainsi la craintive colombe, avant de sortir de son nid, élève sa tête entre les feuilles, et regarde long-temps si la pureté du ciel lui promet un jour serein.

Le gouverneur la remarqua, il la reconnut; son fils lui avait souvent parlé d'elle, et le portrait qu'il en avait fait ne pouvait ressembler qu'à Élisabeth. « Mademoiselle, « lui dit-il, mon fils vous a connue; vous lui « avez laissé des souvenirs ineffaçables. Vous

« a-t-il dit, Monsieur, qu'elle lui devait la « vie de son père, interrompit vivement Phé« dora? Non, Madame, répondit le gouver« neur; mais il m'a dit qu'elle donnerait la « sienne pour son père et pour vous. Elle la « donnerait, reprit Springer, et cette ten« dresse est le seul bien qui nous reste, le « seul que les hommes ne pourront jamais » nous ravir. »

Le gouverneur détourna la tête avec émotion : après un court silence, il reprit la parole, en s'adressant à Élisabeth. « Mademoi« selle, il y a deux mois que mon fils, étant « à Saïmka, reçut l'ordre de l'empereur de « partir sur-le-champ, pour rejoindre l'ar« mée qui se rassemblait en Livonie; il fallut « obéir sans délai. Avant de me quitter, il « me conjura de vous faire passer une lettre : « cela était impossible. Je ne pouvais, sans « me compromettre, en charger personne; « je ne pouvais que vous la donner moi« même : la voici. » Élisabeth la prit en rougissant; le gouverneur vit la surprise de ses parens, et s'écria : « Heureux le père, heu« reuse la mère dont la fille ne leur cache

« que de semblables secrets! » Alors il rappela sa suite, et, devant elle, il dit à Springer : « Monsieur, les ordres de mon souverain me prescrivent toujours de vous empêcher de recevoir personne ici; cependant « je suis informé que de pauvres missionnaires, revenant des frontières de la Chine, « doivent traverser ces montagnes; s'ils viennent frapper à votre cabane, et vous demander pour une nuit l'hospitalité, il vous « sera permis de la leur donner. »

Quand le gouverneur fut parti, Élisabeth demeura les yeux baissés, regardant sa lettre, et n'osant l'ouvrir. « Ma fille, lui dit Springer, si tu attends de ta mère et de moi la « permission de lire ce papier, nous te la « donnons. » Alors, d'une main tremblante, Élisabeth brisa le cachet de la lettre, la parcourut tout bas, et s'interrompit plusieurs fois par des exclamations de reconnaissance et de joie. A la fin, ne pouvant plus se contenir, elle se précipita sur le sein de ses parens. « Le moment est venu, leur dit-elle; « tout favorise mes projets : la Providence « m'ouvre une route sûre, le ciel m'approuve

« et bénit mes intentions. O mes parens! ne « les approuverez-vous pas, ne les bénirez-« vous pas comme lui? »

A ces mots, Springer tressaillit, car il comprit ce qu'il allait entendre; mais Phédora, qui n'en avait aucune idée, s'écria: « Élisa-« beth, quel est donc ce mystère, et que con-« tient ce papier? » Et elle fit un mouvement pour le prendre; sa fille osa le retenir: « O « ma mère! pardonne, lui dit-elle, je tremble « de parler devant toi; tu n'as rien deviné, « ta douleur m'épouvante: c'est maintenant « l'unique obstacle, c'est le seul devant le-« quel je recule... Ah! permets que je ne « m'explique que devant mon père; tu n'es « pas préparée comme lui... Non ma fille, « interrompit Springer, ne fais point ce que « l'exil et le malheur n'ont pu faire, ne nous « sépare pas. Viens, ma Phédora, viens contre « le cœur de ton époux, et si tu as besoin de « force pour les paroles que tu vas entendre, « il te prêtera toute la sienne. » Phédora, éperdue, et se voyant comme menacée par la foudre, sans savoir de quelle main elle allait partir, répondit avec effroi: « Stanislas, que

« veut dire ceci? n'ai-je point soutenu tous « nos revers avec courage? je n'en manque« rai point, ajouta-t-elle en serrant forte« ment contre son cœur son époux et sa fille; « je n'en manquerai point contre tous ceux « qui m'atteindront entre vous deux. » Élisabeth voulut répondre; sa mère ne le permit pas. « Ma fille, s'écria-t-elle avec un accent « déchirant, demande-moi ma vie, mais ne « me demande pas de t'éloigner d'ici. » Ces mots disaient qu'elle avait tout deviné; il ne s'agissait plus de lui rien apprendre, mais de la déterminer : baignée de larmes, et tremblante devant la douleur de sa mère, Élisabeth, d'une voix entrecoupée, laissa seulement échapper ces mots : « Ma mère, « pour le bonheur de mon père, si je te de« mandais quelques jours...? Non, pas un seul « jour, interrompit sa mère éperdue : quel « horrible bonheur pourrait s'acheter au « prix de ton absence! non, pas un seul jour. « O mon Dieu! ne permettez pas qu'elle me « le demande. » Ces paroles anéantirent les forces d'Élisabeth : hors d'état de prononcer elle-même ce qui doit affliger sa mère, elle présente en silence à son père la lettre du gouverneur de Tobolsk, et lui fait signe de la lire. Springer soutient sa femme contre sa poitrine, en lui disant : « Repose-toi ici « avec confiance, car ce soutien-là ne te « manquera jamais. » Puis, d'une voix qu'il s'efforce en vain de raffermir, il lit tout haut la lettre suivante, écrite de Tobolsk par le jeune Smoloff, et à deux mois de date :

« Un de mes plus vifs regrets, en quittant « Saïmka, Mademoiselle, a été de ne pou- « voir vous instruire de l'obligation rigou- « reuse qui me forçait à m'éloigner de vous : « je ne pouvais vous aller voir, vous écrire, « ni vous envoyer les explications que vous « m'aviez demandées, sans contrevenir aux « ordres de mon père, et sans compromettre « sa sûreté ; peut-être l'eussé-je fait sans « l'exemple que vous veniez de me donner : « mais, quand je venais d'apprendre auprès « de vous tout ce qu'on doit à son père, je « ne pouvais pas risquer la vie du mien. « Cependant, je l'avoue, je n'aime pas mon « devoir comme vous aimez le vôtre, et je « suis revenu à Tobolsk le cœur déchiré.

« Mon père m'apprend qu'un ordre de l'em« pereur m'envoie à mille lieues d'ici, et « qu'il faut obéir à l'instant : je vais partir; « Élisabeth, vous ne savez point ce que je « souffre. Ah! je ne demande point au ciel « que vous le sachiez jamais; il ne peut être « juste qu'autant que vous serez heureuse.

« J'ai ouvert mon cœur à mon père : je « vous ai fait connaître à lui, j'ai vu couler « ses larmes quand je lui ai dit vos projets; « je crois qu'il veut vous voir, et qu'il ira « exprès cette année visiter le cercle d'Ischim. « En attendant, s'il le peut, il vous fera par« venir cette lettre. Élisabeth, je pars plus « tranquille, puisque je vous laisse sous la « protection de mon père. Cependant, je « vous en conjure, n'en usez point pour par« tir avant mon retour; j'espère revenir à « Tobolsk avant un an; c'est moi qui vous « conduirai à Pétersbourg, c'est moi qui vous « présenterai à l'empereur, c'est moi qui « veillerai sur vous pendant ce long voyage : « ne craignez point mon amour, je n'en par« lerai plus, je ne serai que votre ami, que « votre frère; et, si je vous sers avec toute la

« vivacité de la passion, je jure de ne vous « parler jamais qu'un langage pur comme « l'innocence, comme les anges, comme « vous. »

Un peu plus bas, l'apostille suivante était écrite de la main même du gouverneur :

« Non, Mademoiselle, ce n'est point avec « mon fils que vous devez partir ; je ne doute « point de son honneur ; mais le vôtre doit « être à l'abri de tout soupçon. En allant « montrer à la cour de Russie des vertus trop « touchantes pour n'être pas couronnées, il « ne faut pas risquer de faire dire que vous « avez été conduite par votre amant, et flé- « trir ainsi le plus beau trait de piété filiale « dont le monde puisse s'honorer. Dans votre « situation, il n'y a de protecteurs dignes de « votre innocence que Dieu et votre père : « votre père ne peut vous suivre, Dieu ne « vous abandonnera pas. La religion vous « prêtera son flambeau et son appui ; aban- « donnez-vous à elle ; vous savez à qui j'ai « permis l'entrée de votre cabane. En vous « remettant ce papier, je vous rends déposi- « taire de mon sort : car si une pareille lettre

« était connue, si on pouvait se douter que « j'ai favorisé votre départ, je serais à jamais « perdu ; mais je ne suis pas même inquiet : « je sais à qui je me confie, et tout ce qu'on « doit attendre de la force et de la vertu d'une « fille qui s'apprête à dévouer sa vie à son « père. »

En finissant cette lettre, la voix de Springer était plus forte et plus animée, car il voyait avec orgueil les vertus de sa fille et l'estime qu'on en faisait : mais la tendre mère ne voyait que son départ ; pâle, abattue, sans mouvement, elle regardait sa fille, levait les yeux au ciel, et n'avait plus la force de pleurer. Élisabeth se mit à genoux devant eux, et leur dit : « O mes parens ! laissez-« moi vous parler ainsi : ce n'est que dans « une humble attitude qu'on doit demander « la plus grande de toutes les félicités. J'ose « aspirer à celle de vous rendre votre liberté, « votre bonheur, votre patrie ; depuis plus « d'une année, voilà quel est l'objet de mes « plus chères espérances ! j'y touche enfin, « et vous me défendriez de l'atteindre ? Ah ! « s'il est un bien au-dessus de celui que je

« demande, refusez-moi, j'y consens; mais s'il « n'en est pas... » Émue, tremblante, sa voix expira, et ce ne fut qu'en embrassant les genoux de ses parens qu'elle put achever sa prière. Springer posa les mains sur la tête de sa fille sans proférer un seul mot. La mère s'écria : « Seule, à pied, sans secours ! non, je ne le « puis, je ne le puis. Ma mère, reprit vivement Élisabeth, je t'en conjure, ne re« pousse pas mes vœux. Si tu savais depuis « combien de temps je nourris mon projet, « et toutes les consolations que je lui dois ! « Aussitôt que mon âge me permit de com« prendre vos infortunes, je me promis de « consacrer ma vie à vous en délivrer. Heu« reux jour que celui où je promis de servir « mon père ! heureux espoir qui me soute« nait quand je le voyais pleurer !... Ah ! « que de fois, étant témoin de vos muets « chagrins, j'aurais été consumée d'une mor« telle tristesse, si je n'avais pas pu me dire : « Moi, moi, je leur rendrai ce qu'ils regret« tent... ! Mes parens, si vous m'arrachez « cette espérance, vous m'arrachez la vie. « Privée de cette pensée, où toutes mes

« autres pensées venaient aboutir, je ne verrai « plus de but à mon existence, et mes jours « s'éteindront dans la langueur... Oh! par- « donnez si je vous afflige; non, si vous me « retenez ici, je ne mourrai pas, puisque ma « mort serait pour vous un malheur de plus, « mais permettez-moi d'être heureuse. Ne « dites pas que mon entreprise est impos- « sible; elle ne l'est pas, mon cœur vous en « répond; il trouvera des forces pour aller « demander justice, et des paroles pour vous « la faire obtenir; il ne craint rien, ni les « fatigues, ni les obstacles, ni les mépris, ni « la cour, ni les rois; il ne craint que votre « refus... Laisse, laisse, Élisabeth, inter- « rompit Springer, je ne me connais plus, tu « bouleverses mon âme; jusqu'à ce jour elle « n'avait point reculé devant une belle ac- » tion, et des vertus supérieures à son cou- » rage ne s'étaient point présentées à elle... « Je ne croyais pas être faible; ô ma fille! « tu viens de m'apprendre que je le suis: « non, je ne puis consentir à ce que tu veux. » Ranimée par ce refus, Phédora prit les mains de sa fille entre les siennes, et lui dit:

« Écoute-moi, Élisabeth ; si ton père est « faible, tu peux bien permettre à ta mère « de l'être aussi; pardonne-lui de ne pouvoir « se résoudre à te laisser déployer tant de « vertus. Étrange situation, où une mère de- « mande à sa fille d'être moins vertueuse; « mais ta mère te le demande, elle ne te l'or- « donne point, car, en t'élevant au-dessus « de tout, tu as mérité de ne plus recevoir « d'ordres que de toi-même. Ma mère, reprit « Élisabeth, les tiens me seront toujours sa- « crés; si tu me demandes de rester ici, j'es- « père avoir la force de t'obéir; mais, puisque « mon dessein t'a touchée, laisse-moi espérer « qu'il aura ton assentiment : il n'est pas le « fruit d'un moment d'enthousiasme, mais « de longues années de méditation : il s'ap- « puie autant sur des raisons solides que sur « les plus tendres sentimens. Existe-t-il un « autre moyen d'arracher mon père à l'exil? « Depuis douze ans qu'il languit ici, quel « ami a pris sa défense? et quand il s'en trou- « verait un qui l'osât, oserait-il parler comme « moi? serait-il inspiré par un semblable « amour?... Oh! laissez-moi toujours croire

« que Dieu n'a donné qu'à votre unique en-« fant le pouvoir de vous rendre au bonheur, « et ne vous opposez pas à l'auguste mission « que le ciel a daigné lui confier. Dites-moi, « que trouvez-vous donc de si effrayant dans « mon entreprise? Est-ce mon absence? mais « ne vous ai-je pas entendus gémir souvent « ensemble d'un exil qui vous empêchait de « me donner un époux? un époux, ô mes « parens! ne m'aurait-il pas séparée de vous « aussi? Des dangers? il n'y en a point: les « hivers de ce climat m'ont accoutumée à la « rigueur des saisons, et mes courses dans « nos landes, à la fatigue d'une longue « marche. Avez-vous peur de ma jeunesse? « elle sera mon appui: on vient au secours « de tout ce qui est faible. Enfin, redoutez-« vous mon inexpérience? je ne serai pas « seule: rappelez-vous les paroles et la lettre « du gouverneur. S'il permet à un pauvre « missionnaire de se reposer sous notre toit, « c'est pour me donner un guide et un pro-« tecteur. Vous le voyez, tout est prévu, il » n'y a point de péril, il n'y a plus d'obs-« tacles, et rien ne me manque que votre

« consentement et votre bénédiction... Et ton « pain, tu le mendieras, répondit Springer « avec amertume ? les aïeux de ta mère, qui « régnèrent jadis dans ces contrées ; les miens, « qui se sont assis sur le trône de Pologne, « verront l'héritière de leur nom parcourir, « en demandant l'aumône, cette Russie qui « a fait de leurs royaumes des provinces de « son empire ! Si tel est le sang d'où je sors, « reprit Élisabeth avec une modeste surprise ; « si je descends des rois, et que deux cou- « ronnes aient été sur le front de mes aïeux, « j'espère me montrer digne d'eux et de vous, « et ne point avilir le nom qu'ils m'ont « laissé ; mais la misère ne l'avilira point. « Pourquoi la fille des Séids et de Sobieski « rougirait-elle d'avoir recours à la charité « de ses semblables ? tant de grands hommes, « précipités du faîte des honneurs, l'ont im- « plorée pour eux-mêmes ! plus heureuse « qu'eux tous, je ne l'implorerai que pour « servir mon père. »

La noble fermeté de cette jeune fille, une sorte de divin orgueil que faisait briller dans ses yeux la pensée de s'humiller pour ses parens, donnait à tout ce qu'elle disait une force et une autorité qui triomphèrent de Springer : il ne se sentit pas le droit d'empêcher sa fille de mettre tant de vertus au jour; il se serait cru coupable de la forcer à les ensevelir dans un désert. « O ma Phédora ! s'écria-t-il en serrant les mains de son « épouse, la laisserons-nous mourir ici, la « priverons-nous du bonheur de donner le « jours à des enfans qui lui ressemblent ? « Prends courage, ma bien-aimée; et, puis- « qu'il n'existe nul autre moyen de la rendre « à ce monde dont elle sera la gloire, laissons- « la partir. » Dans ce moment, la mère l'emporta sur l'épouse, et, pour la première fois de sa vie, Phédora s'éleva contre la plus sainte autorité : « Non, non, je ne la laisse- « rai pas partir; en vain mon époux le de- « mande, je saurai lui résister. Quoi ! j'ex- « poserais la vie de mon enfant ! je laisserais « partir mon Élisabeth, pour apprendre un « jour qu'elle a péri de froid et de misère dans « d'affreux déserts, pour vivre sans elle, « pour la pleurer toujours ! voilà ce qu'on « ose exiger d'une mère ! O Stanislas ! devais-

« tu m'apprendre qu'il est un sacrifice que je « ne puis te faire, et une douleur dont tu « ne me consolerais pas? » En parlant ainsi, elle ne pleurait plus, et était comme dans un état de délire. Springer, le cœur déchiré de sa peine, s'écria : « Ma fille, si votre mère « n'y peut consentir, vous ne partirez pas. « Non, ma mère, si tu l'ordonnes, je ne par- « tirai pas, lui dit Élisabeth en l'accablant « des plus touchantes caresses; je t'obéirai « toujours. Mais peut-être Dieu obtiendra- « t-il de toi ce que tu as refusé à mon père; « viens le prier avec moi, ma mère : deman- « dons-lui ensemble ce que nous devons « faire : c'est la lumière qui guide et la force « qui soutient : toute vérité vient de là, et « toute résignation aussi ! »

En priant, Phédora pleura. Cette piété qui calme, adoucit, et ne s'empare du cœur que pour se mettre à la place de ce qui le tourmente et le déchire; cette piété divine qui ne prescrit jamais un devoir sans en montrer la récompense; cette voix de Dieu, si puissante sur les âmes tendres, toucha celle de Phédora. Dans les caractères nobles et fiers, qui ne composent le bonheur que de gloire, l'estime des hommes peut obtenir le sacrifice des plus chères affections; mais la religion seule peut l'obtenir des cœurs qui ne composent le bonheur que d'amour.

Le lendemain, Springer, s'étant trouvé seul avec sa fille, lui fit le récit de ses longues infortunes; il lui apprit quelles funestes guerres avaient déchiré la Pologne, et comment ce malheureux royaume avait été effacé du nombre des empires. « Mon seul crime, « ma fille, lui dit-il, est d'avoir trop aimé « ma patrie, et de n'avoir pu supporter son « asservissement. Ses plus grands monarques « étaient du même sang que moi; je pouvais « moi-même être appelé au trône, et je devais « bien mon amour et ma vie au pays dont « je tirais toute ma gloire; je l'ai servi comme « je le devais: seul, à la tête d'une poignée « de nobles Polonais, je l'ai défendu jusqu'à « la dernière extrémité contre les trois grandes « puissances qui s'avançaient pour l'envahir; « et, lorsqu'accablé par le nombre de nos « ennemis, sous les murs de Varsovie, à la « vue de cette vaste capitale livrée aux flammes

« et au pillage, il a fallu céder, et se sou-
« mettre à la tyrannie; au fond de mon âme
« je résistais encore. Humilié d'être toujours
« dans ma patrie et de n'en plus avoir, par-
« tout je cherchais des armes, partout je
« cherchais des alliés qui m'aidassent à
« rendre à la Pologne son existence et son
« nom. Vains efforts, tentatives inutiles,
« chaque jour rivait davantage des chaînes
« que mes faibles mains ne pouvaient ébran-
« ler. Les terres de mes aïeux étaient dans la
« partie tombée sous la domination de la
« Russie : j'y vivais avec Phédora, heureux,
« mille fois heureux, si le joug de l'étranger
« n'avait pas pesé sur mon front! Mes plaintes
« peu mesurées, et surtout les nombreux
« mécontens qui se rassemblaient chez moi,
« inquiétèrent un monarque absolu et soup-
« çonneux. Un matin, je fus arraché de ma
« maison, des bras de ma femme, des tiens,
« ma fille : tu n'avais alors que quatre ans,
« et tes larmes ne coulaient sur ton malheur
« que parce que tu voyais pleurer ta mère.
« Je fus traîné dans les prisons de Péters-
« bourg; Phédora m'y suivit : la permission

« de s'y renfermer avec moi fut la seule « grâce qu'elle put obtenir. Nous vécûmes « près d'une année dans ces affreux cachots, « privés d'air, presque du jour, mais non « pas d'espérance. Je ne pouvais croire qu'un « monarque juste n'excusât pas un citoyen « d'avoir soutenu les droits de sa patrie, et « qu'il ne se fiât pas à la promesse que je lui « donnais de demeurer soumis. J'avais trop « bien présumé des hommes ; je fus jugé sans « être entendu, et exilé pour la vie en Si- « bérie. Ma fidèle compagne ne m'abandonna « point, et je dois dire qu'en m'accompa- « gnant ici elle avait l'air d'écouter plus « encore son cœur que son devoir ; si j'eusse « été envoyé dans les ténèbres glacées de « l'affreux Beresof, dans les solitudes per- « dues du lac Baïkal ou du Kamchatka, je « n'y aurais pas été seul encore ; il n'est « point de désert, il n'est point d'antre si « sauvage où ma Phédora ne m'eût suivi : « oui, je le veux croire, c'est à ses vertus, « c'est à son dévouement si généreux que « j'ai dû un exil plus humain. O mon en- « fant ! s'il y a eu quelques douceurs dans

« ma vie, c'est à ta mère que je le dois; et « s'il y a eu du malheur dans la sienne, je « n'en dois accuser que moi. Du malheur! « mon père, lui dit Élisabeth, et tu l'as tou- « jours aimée. » A ces mots, Springer reconnut le cœur de Phédora, et vit bien qu'ainsi que sa mère, Élisabeth auprès d'un époux pourrait ne pas être malheureuse dans l'exil. « Ma fille, répondit-il en lui « remettant la lettre du jeune Smoloff, qu'il « avait gardée depuis la veille; si je dois un « jour à ton zèle et à ton courage des biens « que je ne désire plus que pour t'en acca- « bler, au sein de la prospérité cette lettre « te rappellera nos bienfaiteurs; ton cœur, « Élisabeth, doit être reconnaissant, et l'al- « liance de la vertu peut honorer le sang « des rois. » La jeune fille rougit, prit la lettre des mains de son père, l'attacha sur son cœur, et s'écria: « Le souvenir de celui « qui t'a plaint, qui t'a aimé, qui t'a servi, « ne sortira jamais de là. »

Durant quelques jours, on ne parla plus du voyage d'Élisabeth: sa mère n'y avait pas consenti encore; mais, à la tristesse de ses regards, au profond abattement de sa contenance, on voyait assez que le consentement était au fond de son cœur, et que l'espérance n'y était plus.

Cependant peut-être n'eût-elle jamais trouvé la force de dire à sa fille, *tu peux partir*, si le ciel ne la lui eût envoyée. Un dimanche soir, la famille était en prière, lorsqu'on entendit à la porte un homme qui frappait avec son bâton. Springer ouvre; à l'instant Phédora s'écrie : « Ah! mon Dieu, « mon Dieu! voilà celui qu'on nous a an« noncé, celui qui vient enlever mon en« fant. » Et elle tombe tout en pleurs le visage contre la table, sans que sa piété puisse lui donner le courage d'aller au-devant de l'homme de Dieu. Le missionnaire entre : une large barbe blanche lui descend sur la poitrine, son air est vénérable, il est courbé par la fatigue plus encore que par les années; les épreuves de sa vie ont usé son corps et fortifié son âme : aussi porte-t-il dans ses regards quelque chose de triste, comme l'homme qui a beaucoup souffert, et de doux, comme celui qui est bien sûr de n'avoir pas souffert en vain.

« Monsieur, dit-il, j'entre chez vous avec « joie; la bénédiction de Dieu est sur cette « pauvre cabane; je sais qu'il y a ici des ri- « chesses plus précieuses que les perles et « l'or : je viens vous demander une nuit de « repos. » Élisabeth s'empressa de lui approcher un siége. « Jeune fille, lui dit-il, vous « vous êtes bien hâtée dans le chemin de la « vertu, et dès les premiers pas vous nous « avez laissés loin derrière vous. » Il allait s'asseoir, lorsqu'il entendit les sanglots de Phédora. « Mère chrétienne, lui dit-il, pour- « quoi pleurez-vous? le fruit de vos entrailles « n'est-il pas béni? Ne pouvez-vous pas « aussi vous dire heureuse entre toutes les « femmes? Si vous versez des larmes parce « que la vertu vous sépare de votre enfant « pour un peu de temps, que feront les « mères qui se voient arracher les leurs par « le vice, et qui les perdent pour l'éternité? « O mon père! si je ne devais plus la revoir! « s'écria la mère désolée. Vous la reverriez,

« reprit-il vivement, dans le ciel, qui est déjà « son partage; mais vous la reverrez aussi « sur terre : les fatigues sont grandes, mais « Dieu la soutiendra; *il mesure le vent à la « laine de l'agneau.* » Phédora courba la tête avec résignation. Springer n'avait pas dit un mot encore; il ne pouvait parler, son cœur se déchirait : et Élisabeth elle-même, qui jusqu'à ce jour n'avait senti que son courage, commença à sentir sa faiblesse. L'espoir d'être utile à ses parens lui avait caché la douleur de s'en séparer : mais à présent que le moment était venu quand elle pouvait se dire, « demain je n'entendrai plus la voix de mon père, demain je ne recevrai plus les caresses de ma mère, et peut-être un an entier se passera avant que je retrouve de si douces joies », alors il lui semblait que tout s'abîmait devant elle; ses yeux se troublèrent, ses genoux fléchirent, elle tomba en pleurant sur le sein de son père. Ah! timide orpheline, si déjà tu tends les bras à ton protecteur, et que dès les premiers pas tu penches vers la terre comme une vigne sans appui, où trouveras-tu donc des forces pour traverser seule presqu'une moitié du monde?

Avant de se coucher, le missionnaire s'assit à la table des exilés pour prendre le repas du soir. La plus franche hospitalité y présidait: mais la gaité en était bannie, et ce n'était qu'avec effort que chacun des exilés retenait ses larmes. Le bon religieux les regardait avec une tendre compassion; il avait vu beaucoup d'afflictions dans le cours de ses longs voyages, et l'art de les adoucir avait été la principale étude de sa vie: aussi pour toutes les douleurs il avait une consolation; pour chaque situation, chaque caractère, il avait des paroles qui rencontraient toujours juste. Quelquefois il n'empêchait point de pleurer; mais les larmes qu'on versait sur une douleur personnelle, il savait, en présentant l'image d'une infortune plus grande, les détourner sur les douleurs d'autrui, et, par le sentiment de la pitié, adoucir le sentiment du malheur. C'est ainsi qu'en racontant ses longues traverses et les désastres dont il avait été le témoin, peu à peu il attacha l'attention des exilés, les émut de compassion pour leurs frères, les conduisit à se dire intérieurement qu'en comparaison de tant d'infortunés, leur sort était bien doux encore. En effet, que n'avait-il point vu, que ne pouvait-il point dire, cet homme vénérable, qui depuis soixante ans, à deux mille lieues de sa patrie, sous un ciel étranger, au milieu des persécutions, travaillait, sans se lasser jamais, à la conversion de barbares qu'il appelait ses frères, et qui souvent étaient ses bourreaux! Il avait vu la cour de Pékin, et l'avait étonnée par ses vastes connaissances, et plus encore par ses vertus : il avait vécu parmi les sauvages, dont il avait adouci les mœurs; il avait réuni des hordes errantes, qui tenaient de lui les premières notions de l'agriculture. Ainsi des landes changées en champs fertiles, des hommes devenus doux, humains, des familles auxquelles les noms de père, d'époux et d'enfans n'étaient plus étrangers, et des cœurs qui s'élevaient à Dieu pour le bénir de tant de bienfaits étaient le fruit des soins d'un seul homme. Ah! ces gens-là ne disaient point de mal des missions; ils ne disaient point que la religion qui les commande est une religion sévère et tyrannique; ils ne disaient point surtout que les hommes qui la pratiquent avec cet excès de charité et d'amour sont des hommes inutiles et ambitieux. Mais pourquoi ne pas dire qu'ils sont ambitieux? En se dévouant au service de leurs frères, n'aspirent-ils pas au plus grand prix possible? ne veulent-ils pas plaire à Dieu et gagner le ciel? L'ambition des plus célèbres conquérans ne s'est jamais élevée si haut; elle s'est contentée du suffrage des hommes et du sceptre de l'univers.

Le bon père apprit ensuite aux exilés que, rappelé par ses supérieurs, il retournait à pied dans l'Espagne, sa patrie. Pour s'y rendre, il avait à traverser encore la Russie, l'Allemagne et la France; mais il disait que c'était peu de chose. Celui qui vient de voyager dans les déserts, qui pour tout abri trouvait un antre, pour tout oreiller une pierre, pour toute nourriture un peu de farine de riz délayée dans de l'eau, doit se croire au terme de ses fatigues en arrivant chez des nations civilisées; et pour le père Paul c'était être déjà dans sa patrie que d'être chez des peuples chrétiens. Il racontait des choses extraordinaires des maux qu'il avait soufferts, des difficultés qu'il avait essuyées, lorsque, après avoir dépassé les grandes murailles de la Chine, il s'était enfoncé dans l'immense Tartarie. Il disait encore comment, à l'entrée des vastes déserts de la Soongorie, qui appartiennent à la Chine et lui servent de limites avec la Sibérie, il avait trouvé un pays abondant en magnifiques pelleteries, en précieuses fourrures, et susceptible de faire, à l'aide de cette richesse, un grand commerce avec les peuples européens : mais nul vestige de notre industrie n'avait encore pénétré jusque-là; aucun marchand n'avait osé porter son or et ses calculs là où le missionnaire avait planté une croix et répandu des bienfaits : tant il est vrai que la charité va encore plus loin que l'avarice!

On arrangea pour le père Paul un lit propre et commode dans le petit cabinet qu'occupait la jeune Tartare, et celle-ci vint dormir, enveloppée d'une peau d'ours, auprès du poêle.

Quand le jour commença à paraître, Élisabeth se leva : elle s'approcha doucement de la porte du père Paul ; et, ayant entendu qu'il était déjà en prière, elle demanda la permission d'entrer et de l'entretenir seul : devant ses parens, elle n'aurait pas osé lui parler de ses projets, et du désir qu'elle avait de ne point attendre plus loin que l'aube prochaine pour se mettre en route. A genoux près de lui, elle lui raconta l'histoire de toute sa vie ; touchante histoire, qui n'était composée que de sa tendresse pour ses parens! Sans doute, dans le long récit de ses incertitudes et de ses espérances, elle prononça plus d'une fois le nom de Smoloff ; mais il semblait que ce nom n'était là que pour rehausser son innocence, et montrer qu'elle l'avait conservée dans toute sa pureté : aussi le père Paul fut-il profondément touché de tout ce qu'il entendit : il avait fait le tour du monde et vu presque tout ce qu'il contient ; mais un cœur comme celui d'Élisabeth, il ne l'avait point vu encore.

Springer et Phédora ne savaient point que l'intention de leur fille était de les quitter le lendemain ; mais le matin, en l'embrassant, ils se sentirent émus et agités de ce frissonnement involontaire qu'éprouvent tous les êtres vivans à la veille de l'orage. A chaque pas qu'Élisabeth faisait dans la chambre, sa mère la suivait des yeux; et souvent la retenait brusquement par le bras, sans oser lui adresser une question, mais lui parlant sans cesse de soins à prendre pour le lendemain, et lui donnant des ordres pour divers ouvrages à faire à quelques jours de là. Ainsi elle cherchait à se rassurer par ses propres paroles; mais son cœur n'en était pas plus tranquille, et le silence de sa fille lui parlait toujours de départ. Pendant le dîner, elle lui dit : « Élisabeth, si le temps est beau demain, vous monterez dans votre petite nacelle avec votre « père, pour aller pêcher quelques poissons « dans le lac. » Sa fille la regarda, se tut; et de grosses larmes tombèrent de ses yeux. Springer, déchiré de la même inquiétude que sa femme, reprit un peu vivement : « Ma fille, « avez-vous entendu l'ordre de votre mère? « demain vous viendrez avec moi. » La jeune fille pencha la tête sur l'épaule de son père, et lui dit à voix basse : « Demain vous conso-

« lerez ma mère. » Springer pâlit : c'en fut assez pour Phédora ; elle ne demanda plus rien ; elle était sûre que le mot de *départ* venait d'être prononcé, et elle ne voulait pas l'entendre ; car le moment où l'on oserait en parler devant elle serait celui où il faudrait y donner son consentement, et elle espérait que, tant qu'elle ne l'aurait pas donné, sa fille n'oserait pas partir. Springer ramasse toutes ses forces ; il voit qu'il aura à soutenir le lendemain et le départ de sa fille et la douleur de sa femme ; il ne sait point s'il survivra au sacrifice qu'il va faire, sacrifice auquel il ne peut se résoudre que par excès d'amour pour sa fille, et il a l'air de le recevoir : il la remercie de son dévouement ; et, cachant ses larmes au fond de son cœur, il feint d'être heureux pour donner à son Élisabeth la seule récompense digne de ses vertus.

Ah ! dans ce jour-là que d'émotions secrètes, de sentimens inaperçus, de caresses vives et déchirantes entre les parens et leur fille ! Le missionnaire cherchait à fortifier les courages en rappelant toutes les histoires des saintes Écritures où Dieu se montre prompt à récompenser les grands sacrifices de la piété filiale et de la résignation paternelle; il leur faisait entrevoir aussi que les fatigues du voyage seraient moins grandes, parce qu'un homme puissant, qu'il ne nommait pas, mais qu'on devinait assez, lui avait fourni les moyens de rendre la route plus commode et plus douce. Enfin, quand le soir fut arrivé, Élisabeth se mit à genoux, et d'une voix émue demanda à ses parens de la bénir. Le père s'approcha; des larmes coulaient le long de ses joues; sa fille lui tendit les bras: il comprit que c'était un adieu; son cœur se serra, ses larmes s'arrêtèrent: il posa les mains sur la tête d'Élisabeth, en la recommandant à Dieu dans son cœur, mais sans avoir la force de proférer une parole. La jeune fille alors, regardant sa mère, lui dit: « Et toi, ma mère, ne veux-tu « pas bénir aussi ton enfant? Demain, reprit-« elle avec l'accent étouffé d'une profonde « désolation, demain. — Et pourquoi pas au-« jourd'hui aussi, ma mère? Ah! oui, re-« partit Phédora en s'élançant impétueuse-« ment vers elle, tous les jours, tous les

« jours. » Élisabeth courba la tête devant ses parens, qui les mains réunies, les yeux élevés, la voix tremblante, prononcèrent ensemble une bénédiction que Dieu dut entendre.

A quelques pas, le missionnaire priait aussi : c'était la vertu qui priait pour l'innocence. Ah ! si de pareils vœux n'étaient pas écoutés du ciel, quels seraient donc ceux qui auraient le droit d'aller jusqu'à lui ?

On était alors à la fin de mai ; c'est le temps de l'année où, entre le crépuscule du soir et l'aube du jour, à peine y a-t-il deux heures de nuit. Élisabeth les employa à faire les préparatifs de son départ ; elle mit dans son sac de peau de renne un habit de voyage et des chaussures ; depuis près d'un an elle y travaillait la nuit à l'insu de sa mère, et depuis le même temps à peu près elle mettait de côté, à chacun de ses repas, quelques fruits secs et un peu de farine, afin de retarder le plus long-temps possible le moment d'avoir recours à la charité d'autrui, sans être obligée, en partant, de rien emporter de ce pauvre toit paternel où il n'y avait que le pur nécessaire. Huit ou dix kopecks [1] formaient tout son trésor ; c'était le seul argent qu'elle possédât sur la terre, et toute la richesse avec laquelle elle s'embarquait pour traverser un espace de plus de huit cents lieues.

« Mon père, dit-elle au missionnaire en « ouvrant doucement sa porte, partons pen-« dant que mes parens dorment encore ; ne « les éveillons point, ils pleureront assez tôt ; « ils sont tranquilles parce qu'ils croient que « nous ne pouvons sortir que par leur cham-« bre; mais la fenêtre de ce cabinet n'est pas « haute, je sauterai facilement en dehors, et « je vous aiderai ensuite à descendre sans « vous faire aucun mal. » Le missionnaire se prêta à ce pieux stratagème, qui devait épargner de déchirans adieux à trois infortunés. Quand il fut dans la forêt avec Élisabeth, elle mit son petit paquet sur son dos, et fit quelques pas pour s'éloigner ; mais, en tournant encore une fois la tête vers la cabane qu'elle abandonnait, ses san-

[1] Kopeck, ou copeck, petite monnaie russe valant un peu au delà d'un sou de France.

glots la suffoquèrent; elle se précipita tout en larmes devant la porte où dormaient ses parens : « Mon Dieu! s'écria-t-elle, veillez « sur eux, protégez-les, conservez-les-moi, « et ne permettez pas que je repasse jamais « ce seuil, si je ne devais plus les retrouver! » Alors elle se lève, se retourne, elle voit son père debout derrière elle. « O mon père! « vous? Pourquoi, mon père, pourquoi « venir ici? — Pour te voir, t'embrasser, te « bénir encore une fois; pour te dire: Mon « Élisabeth, si durant les jours de ton en- « fance j'en ai passé un sans te montrer ma « tendresse, si une seule fois j'ai fait couler « tes larmes, si un regard, une parole sé- « vère ont affligé ton cœur, avant de t'éloi- « gner, pardonne, pardonne à ton vieux « père, afin que, s'il n'est plus destiné au « bonheur de te voir, il puisse mourir en « paix. Ah! ne dis point, ne dis point ceci, « interrompit Élisabeth. Et ta pauvre mère, « continua-t-il, quand elle s'éveillera, que « lui dirai-je, que lui répondrai-je quand « elle me demandera son enfant? Elle te « cherchera dans cette forêt, sur les rives de

« ce lac ; je la suivrai partout en pleurant « avec elle, en appelant partout avec elle « notre enfant, qui ne nous répondra plus. » A ces mots, Élisabeth s'appuya à demi-évanouie contre le mur de la chaumière. Son père vit qu'il l'avait trop émue, il se reprocha vivement sa faiblesse. « Ma fille, lui dit-« il avec une voix plus calme, prends cou-« rage : je prendrai courage aussi ; je te pro-« mets, non de consoler ta mère, mais de la « fortifier contre la douleur de ton départ ; « je te promets de te la rendre quand tu re-« viendras ici. Oui, mon enfant, soit que le « succès couronne ou non ton pieux voyage, « tes parens ne mourront pas sans t'avoir « revue. » Alors il dit au missionnaire qui, les yeux baissés et dans un profond attendrissement, se tenait à quelque distance de cette scène d'affliction : « Mon père, je vous « remets un bien qui n'a point d'égal ; c'est « plus que mon sang, que ma vie ; je vous « le remets cependant avec confiance ; par-« tez ensemble : des milliers d'anges veille-« ront autour d'elle et de vous ; pour la dé-« fendre, les puissances célestes s'armeront ;

« cette poussière qui fut ses aïeux se ranimera, et Dieu, puisqu'il est tout-puissant, « et qu'il est père aussi de mon Élisabeth, « Dieu ne permettra pas que notre Élisabeth « périsse. »

La jeune fille, sans oser regarder son père, mit une main sur ses yeux, donna l'autre au missionnaire, et s'éloigna avec lui. En ce moment l'aurore commençait à éclaircir la cime des monts, et dorait déjà le faîte des noirs sapins; mais tout reposait encore. Aucun souffle de vent ne ridait la surface du lac, n'agitait les feuilles des arbres; celles même du bouleau étaient tranquilles, les oiseaux ne chantaient point, tout se taisait, jusqu'au moindre insecte. On eût dit que la nature entière se tenait dans un respectueux silence, afin que la voix d'un père qui, à travers la forêt, criait encore un adieu à sa fille, fût le dernier son qu'elle pût entendre. J'ai essayé de dire les douleurs du père, mais celles de la mère, je ne l'essaierai point.

Comment peindre cette infortunée qui, s'éveillant au cri de son époux, accourt à lui, et, en lisant dans son attitude désolée que son enfant est parti, tombe dans de muettes angoisses qui semblaient être à tous momens les dernières de sa vie? En vain son époux, rappelant tous les malheurs de l'exil, la conjurait de se calmer; elle n'entendait plus la voix de son époux, et l'amour lui-même avait perdu sa puissance, et n'arrivait plus à son cœur : tant il est vrai que les douleurs d'une mère s'élèvent au-dessus de toutes les consolations humaines, et ne peuvent être atteintes par rien de ce qui vient de la terre. Ah! Dieu seul s'est réservé le pouvoir de les adoucir, et s'il les donne en partage au sexe qu'il a fait le plus faible, c'est qu'il l'a fait assez tendre pour pouvoir aimer la main qui le frappe, et croire au seul espoir qui console.

Ce fut le 18 de mai qu'Élisabeth et son guide se mirent en route; ils employèrent un mois entier à traverser les forêts humides de la Sibérie, sujettes en cette saison à des inondations terribles. Quelquefois des paysans tartares leur permettaient, pour une faible rétribution, de monter dans leur charrette, et tous les soirs ils se reposaient dans des cabanes si misérables, qu'il ne fallait pas moins que la longue habitude qu'Élisabeth avait de la pauvreté pour pouvoir goûter un peu de repos. Elle se couchait toute vêtue sur un mauvais matelas, dans une chambre remplie d'une odeur de fumée, d'eau-de-vie et de tabac, où le vent soufflait souvent à travers les fenêtres collées avec du papier, et où, pour surcroît de désagrément, dormaient pêle-mêle le père, la mère, les enfans, et quelquefois même une partie du bétail de la famille.

A quarante verstes de Tioumen [1], on passe dans un bois où des poteaux indiquent la fin du gouvernement de Tobolsk : Élisabeth les remarqua ; elle quittait la terre de l'exil, il lui sembla qu'elle quittait sa patrie, et qu'elle se séparait une seconde fois de ses parens. « Ah ! dit-elle, que me « voilà loin d'eux à présent ! » Cette réflexion,

[1] Tioumen, ou Tiumen, est la première ville de la Sibérie en entrant dans le gouvernement de Tobolsk du côté de la Russie européenne. On l'appelait anciennement *Ouzigidin*.

elle la fit encore lorsqu'elle mit le pied en Europe. Être dans une autre partie du monde lui présentait l'image d'une distance qui l'effrayait plus que le chemin qu'elle venait de faire; elle laissait en Asie ses seuls protecteurs, les seuls êtres dans toute la nature sur qui elle eût tous des droits, et dont l'affection lui fût assurée. Et que trouverait-elle dans cette Europe si célèbre par ses lumières, dans cette cour impériale où affluent les richesses et les talens? Y trouverait-elle un seul cœur touché de sa misère, ému de sa faiblesse, dont elle pût implorer la protection? Sans doute à cette pensée il était un nom qui devait se présenter à elle. Ah! si elle avait espéré de rencontrer à Pétersbourg.... mais il n'y était point. L'ordre de l'empereur l'avait mandé pour joindre l'armée en Livonie; elle ne le trouverait donc pas dans cette Europe qui lui semblait n'être habitée que par lui, parce qu'il était la seule personnne qu'elle y connût. Alors tout son recours était dans le père Paul. Un homme qui avait passé soixante ans à faire du bien, devait, dans les idées d'Élisabeth, avoir un grand crédit à la cour des rois.

De Perme à Tobolsk on compte près de neuf cents verstes : les chemins sont beaux, les champs fertiles et bien cultivés : on rencontre fréquemment de riches villages russes et tartares, dont les habitans ont l'air si heureux, qu'on a peine à croire qu'ils respirent l'air de la Sibérie ; il y a même quelques auberges ornées de très-belles images, de tables, de tapis et de plusieurs ustensiles de luxe qui étaient inconnus à Élisabeth, et qui commençaient à étonner sa simplicité.

Cependant, la ville de Perme, quoique la plus grande qu'elle eût vue encore, l'attrista par ses rues sales et étroites, la hauteur de ses maisons, le mélange confus de palais et de chaumières, et l'air fétide qu'on y respirait. Perme est entourée de marécages; et, jusqu'à Casan, le pays, entrecoupé de bruyères stériles et de noires forêts de sapins, présente l'aspect du monde le plus triste. Dans la saison des orages, la foudre tombe très-fréquemment sur ces vieux arbres, qu'elle embrase avec rapidité, et qui paraissent alors comme des colonnes d'un rouge ardent, surmontées d'une vaste chevelure de flamme. Plusieurs fois Élisabeth et son guide furent témoins de ces incendies. Obligés de traverser ces bois qui brûlaient des deux côtés du chemin, tantôt ils voyaient des arbres consumés par le bas soutenir de leur seule écorce leurs cimes que le feu n'avait pas encore gagnées; ou, renversés à demi, former comme un arc de feu au milieu de la route; ou, enfin, s'écroulant avec fracas, retomber l'un sur l'autre en pyramides embrasées, semblables à ces bûchers antiques où la piété païenne recueillait la cendre des héros.

Cependant, malgré ces dangers et ceux plus imminens peut-être du passage des fleuves débordés, Élisabeth ne se plaignait point, et trouvait même qu'on lui avait exagéré les difficultés du voyage. Il est vrai que le temps était très beau, et qu'elle n'allait pas toujours à pied : on rencontrait le long de la route des charrettes et des kibicks vides [1] qui revenaient de mener des bannis

[1] Le kibick est une voiture de voyage très-légère,

en Sibérie; pour quelques kopecks, nos voyageurs obtenaient facilement des courriers la permission de monter dans leurs voitures. Élisabeth acceptait sans humiliation les secours du bon père; car, en les recevant de lui, elle croyait les tenir du ciel.

Arrivés sur les bords de la Kama, vers les premiers jours de septembre, nos voyageurs n'étaient plus qu'à deux cents verstes de Casan; c'était avoir presque fait la moitié du voyage. Ah! si le ciel eût permis qu'Élisabeth l'eût fini ainsi qu'elle l'avait commencé, elle aurait cru avoir faiblement le bonheur d'être utile à ses parens: mais tout allait changer, et avec la mauvaise saison s'approchait le moment qui devait exercer son courage, mettre au jour sa vertu, et sur la tête du juste la couronne immortelle de vie.

Depuis plusieurs jours, le missionnaire s'affaiblissait sensiblement; il ne marchait plus qu'avec peine, et, quoique appuyé sur

fort usitée en Russie. Un kibick n'est cependant pas commode, car il n'est suspendu que par les roues de derrière; mais il est assez long pour que le voyageur puisse y coucher à son aise.

son bâton et sur le bras d'Élisabeth, il était obligé de se reposer sans cesse; s'il montait dans un kibick; la route, formée de gros rondins placés sur des marécages, lui causait des secousses horribles qui épuisaient ses dernières forces sans altérer un moment son courage. Cependant, en arrivant à Sarapoul, gros village à clocher, sur la rive droite de la Kama, le bon religieux éprouva une défaillance si extraordinaire, qu'il ne lui fut pas possible d'aller plus loin. Il fut recueilli dans un mauvais cabaret auprès de la maison de l'Oupravitel, qui régit les biens de la couronne dans le territoire de Sarapoul. La seule chambre qu'on put lui donner était une espèce de galetas élevé, avec un plancher tout tremblant, des fenêtres sans carreaux, pas une chaise, pas un banc; pour tout meuble une mauvaise table et un bois de lit vide: on y jeta un peu de paille, et le missionnaire s'y coucha. Le vent qui soufflait par la fenêtre était si froid, qu'il aurait éloigné le sommeil du malade, lors même que ses souffrances lui eussent permis de s'y livrer. De funestes pensées commençaient à effrayer

Élisabeth. Elle demanda un médecin; il n'y en avait point à Sarapoul; et comme elle vit que les gens de la maison ne prenaient aucune part à l'état du pauvre mourant, elle fut réduite à n'avoir recours qu'à elle-même pour le soulager. D'abord elle attacha contre la croisée un lambeau de vieille tapisserie qui pendait le long du mur; ensuite elle alla cueillir dans les champs de la réglisse à gousses velues, ainsi que des roses de Gueldre, et puis les mêlant, comme elle l'avait vu pratiquer à sa mère, avec des feuilles du cotylédon épineux, elle en fit une boisson salutaire, qu'elle apporta au pauvre religieux. A mesure que la nuit s'approchait, son état empirait de plus en plus, et la malheureuse Élisabeth ne pouvait plus retenir ses larmes. Quelquefois elle s'éloignait pour étouffer ses sanglots; au fond de son grabat le bon père les entendait, et il pleurait sur cette douleur qu'il ne pouvait pas soulager, car il sentait qu'il ne se relèverait plus, et que tout était fini pour lui sur la terre. Ah! ce n'est pas quand on a employé soixante ans pour Dieu qu'on peut craindre la mort; mais comment ne pas regretter un peu la vie quand il y reste beaucoup de bien à faire? « Mon Dieu, « disait-il à voix basse, je ne murmure point « contre votre volonté; mais si vous m'aviez « permis de conduire cette pauvre orpheline « jusqu'au terme de son voyage, il me semble « que je serais mort plus tranquille. » Élisabeth avait allumé un flambeau de résine, et demeura debout toute la nuit pour soigner son malade. Un peu avant le jour, elle s'approcha pour lui donner à boire; le missionnaire, prévoyant qu'avant peu, il ne serait plus en état de parler, se souleva sur son séant, prit le verre des mains de la jeune fille, et l'élevant vers le ciel, il dit: « Mon « Dieu, je la recommande à celui qui nous « a promis qu'un verre d'eau offert en son « nom ne serait pas un bienfait perdu. » Ces mots révélèrent à Élisabeth toute l'évidence d'un malheur que jusqu'alors elle s'était efforcée de ne pas croire possible; elle vit que le religieux sentait qu'il allait mourir; elle vit qu'elle allait tout perdre: son cœur se brisa, elle tomba à genoux devant le lit, le front couvert d'une sueur froide, et la poitrine suffoquée de sanglots. « Mon Dieu, « prenez pitié d'elle; prenez pitié d'elle, « mon Dieu », répétait le missionnaire en la regardant avec une profonde compassion. A la fin, comme il vit que la violence de sa douleur allait toujours croissant, il lui dit : « Au nom du ciel et de votre père, calmez-« vous, ma fille, et écoutez-moi. » Élisabeth tressaillit, étouffa ses cris, essuya ses larmes, et, les yeux fixés sur le religieux, attendit avec respect ce qu'il allait lui dire. Il s'appuya contre la planche qui servait de dossier à son lit, et, recueillant toutes ses forces, il parla ainsi : « Mon enfant, vous allez être « exposée à de grandes peines en voyageant « seule, à votre âge, au milieu de la mau-« vaise saison ; cependant c'est là votre « moindre péril : la cour vous en offrira de « plus terribles. Un courage ordinaire peut « lutter contre l'infortune, et ne résiste pas « à la séduction; mais vous n'avez pas un « courage ordinaire, ma fille, et le séjour « de la cour ne vous changera pas. Si quel-« ques méchans (et vous en trouverez beau-« coup) voulaient abuser de votre situation

« et de votre misère pour vous écarter de la « vertu, vous ne croirez point à leurs pro- « messes, et toutes leurs vaines richesses ne « vous éblouiront pas. La crainte de Dieu et « l'amour de vos parens, voilà ce qui est « au-dessus de tout, et voilà ce que vous « avez. A quelque extrémité que vous soyez « réduite, vous n'abandonnerez jamais ces « biens pour quelque bien qu'on puisse vous « offrir, et vous vous souviendrez toujours « qu'une seule faute porterait la mort au sein « de ceux qui vous ont donné la vie. Ah! « mon père! interrompit-elle, ne craignez « pas... Je ne crains rien, dit-il; votre piété, « votre dévouement ont mérité une confiance « sans bornes, et je suis sûr que vous ne « succomberez pas à l'épreuve à laquelle « Dieu vous soumet. Maintenant, ma fille, « prenez dans ma robe la bourse que le gé- « néreux gouverneur de Tobolsk me donna « en vous recommandant à mes soins. Gar- « dez-lui le secret, il y va de sa vie... Cet « argent vous conduira à Pétersbourg. Allez « chez le patriarche, parlez-lui du père « Paul, peut-être ne l'aura-t-il pas oublié;

« il vous donnera un asile dans un couvent « de filles, et présentera sans doute lui-même « votre requête à l'empereur... Il est impos- « sible qu'on la rejette... Au moment de la « mort, je puis vous le dire, ma fille, votre « vertu est grande; le monde en voit peu de « semblable, il en sera touché; elle aura sa « récompense sur la terre avant de l'avoir « dans le ciel... « Il s'arrêta; sa respiration devenait gênée, et une sueur froide coulait sur son front. Élisabeth pleurait en silence, la tête penchée sur le lit. Après une longue pause, le missionnaire détacha de dessus sa poitrine un crucifix de bois d'ébène, et le présentant à Élisabeth, il lui dit d'une voix affaiblie : « Prends ceci, ma fille; c'est le « seul bien que j'aie à donner, le seul que « j'aie possédé sur la terre; avec lui, je n'ai « manqué de rien. » Elle le pressa contre ses lèvres avec un vif transport de douleur, car l'abandon d'un pareil bien lui prouvait que le missionnaire était sûr de n'avoir plus qu'un moment à vivre. « Pauvre brebis « abandonnée, ajouta-t-il avec une grande « compassion, ne crains plus rien, car voilà

« le bon pasteur du troupeau qui veillera « sur toi; s'il te prend ton appui, il te rendra « plus qu'il ne te prend, fie-toi à sa bonté. « Celui qui donne la nourriture aux petits « passereaux, et qui sait le compte des sables « de la mer, n'oubliera pas Élisabeth. Mon « père, ô mon père! s'écria-t-elle en serrant « la main qu'il étendait vers elle, je ne puis « me soumettre à vous perdre... Mon enfant, « reprit-il, Dieu l'ordonne: résigne-toi: « calme ta douleur, dans peu d'instans je « serai là-haut, je prierai pour toi, pour « tes parens... » Il ne put achever; ses lèvres remuaient encore, mais on ne distinguait aucun son: il retomba sur sa paille, les yeux élevés vers le ciel; ses dernières forces furent employées à lui recommander l'orpheline gémissante, et il semblait encore prier pour elle quand déjà la mort l'avait frappé: tant était grande en son âme l'habitude de la charité; tant, durant le cours de sa longue vie, il avait négligé ses propres intérêts pour ne songer qu'à ceux d'autrui; au moment terrible de comparaître devant le trône du souverain juge, et de tomber pour toujours dans les abîmes de l'éternité, ce n'était pas encore à lui-même qu'il pensait.

Les cris d'Élisabeth attirèrent plusieurs personnes : on lui demanda ce qu'elle avait ; elle montra son protecteur étendu sans vie. Aussitôt, au bruit de cet événement, la chambre se remplit de monde : les uns venaient voir ce qui se passait avec une curiosité stupide ; ceux-ci jetaient un coup d'œil de surprise sur cette jeune fille, qui pleurait auprès de ce moine mort ; d'autres la regardaient avec pitié : mais les maîtres de l'auberge, occupés seulement de se faire payer les misérables alimens qu'ils avaient fournis, trouvèrent avec joie dans la robe du missionnaire la bourse que dans sa douleur Élisabeth n'avait pas songé à prendre ; ils s'en emparèrent, et dirent à la jeune fille qu'ils lui rendraient le reste quand ils se seraient remboursés de leurs frais et de ceux de l'enterrement. Bientôt les popes [1] arrivèrent avec leurs flambeaux et leur suite ; ils jetèrent un

[1] *Pope* est un nom grec qui signifie *père*. On le donne à tous les ministres de l'église grecque. Ils sont

grand drap sur le corps du mort; la pauvre Élisabeth fit alors un cri douloureux. Obligée de quitter la main roidie de son guide qu'elle tenait toujours, elle dit un dernier adieu à cette figure vénérable, qui respirait déjà une sérénité divine, et se précipita à genoux dans le coin le plus obscur de la chambre. Là, baignée de larmes, la tête couverte d'un mouchoir, comme pour se cacher ce monde désert où elle allait marcher seule, elle s'écriait d'une voix étouffée: « O esprit bien-« heureux, n'abandonne pas la pauvre dé-« laissée! O mon père, ma tendre mère, que « faites-vous, maintenant que tout secours « vient d'être ôté à l'enfant de votre amour? »

Cependant on commença quelques chants funèbres, on mit le corps dans la bière, et quand vint le moment de l'emporter, Élisabeth, quoique faible, tremblante et désespérée, voulut accompagner jusqu'à son dernier asile celui qui l'avait soutenue, secou-

habillés à l'orientale, et, quoique généralement peu éclairés, ils sont extrêmement recommandables par leur esprit de tolérance pour toute autre profession de foi.

rue, fortifiée, et qui était mort en priant pour elle.

Sur la rive droite de la Kama, au pied d'une éminence où s'élèvent les ruines d'une forteresse construite pendant les anciens troubles des Baschkirs [1], est le lieu consacré à la sépulture des habitans de Sarapoul. Cette place est en pleine campagne; elle est entourées d'une haie de mélèses nains; au milieu on voit une petite maison de bois qui sert d'oratoire, et tout autour des amoncellemens de terre surmontés d'une croix qui désignent autant de tombeaux; çà et là quelques sapins épars projettent des ombres lugubres, et de dessous les pierres sépul-

[1] Les Baschkirs, ou Bashkirs, sont une peuplade de la Russie asiatique. Ils se nomment proprement *Bashkourts*, et tirent leur origine en partie des Tartares Nogays, et en partie des Bulgares. Ils habitent principalement en Sibérie, sur les bords du Volga et de l'Oural. En 1770 on en comptait vingt-sept mille familles domiciliées dans les gouvernemens d'Ufa et de Perme. En été, ils demeurent sous des tentes près de leurs troupeaux, et en hiver, dans de mauvaises huttes. Leur religion est celle de Mahomet; mais ils sont très-superstitieux, et croient aux sortilèges et aux enchantemens.

crales sortent des touffes de chardons en forme de bluet, avec de larges feuilles pendantes et découpées, et une autre plante dont la tige nue et penchée se divise en plusieurs rameaux effilés, et dont les fleurs d'un jaune livide semblent faites pour ne s'épanouir que sur les tombeaux.

Le cortège qui suivait le cercueil du missionnaire était assez nombreux. On y voyait plusieurs sortes de nations, des Persans, des Trukmènes, des Arabes échappés à l'esclavage des Kirguis, et reçus dans des colléges fondés par la dernière impératrice. Ils suivaient pêle-mêle, un flambeau de paille à la main, le convoi funèbre, en mêlant leurs voix à celles des popes, tandis qu'Élisabeth, silencieuse, marchait à pas lents, la tête couverte, et ne sentant de relation, au milieu de cette foule tumultueuse, qu'avec celui qui n'était plus.

Quand le cercueil fut placé dans la fosse, le pope, selon l'usage du rit grec, mit une petite pièce de monnaie dans la main du mort pour payer son passage, et après avoir jeté un peu de terre par-dessus, il s'éloigna, et là demeura enseveli dans un éternel oubli un mortel charitable qui n'avait pas passé un seul jour sans faire du bien à quelqu'un : semblable à ces vents bienfaisans qui portent en tous lieux les graines utiles, et qui les font germer dans tous les climats, il avait parcouru plus de la moitié du monde, semant partout la sagesse et la vérité, et il mourait ignoré du monde : tant la renommée s'attache peu à la bonté modeste; tant les hommes qui la distribuent ne l'accordent qu'à ce qui les étonne, à ce qui les détruit, et jamais à ce qui les console. O rayon éclatant, éblouissante lumière, superbe gloire humaine! ne pense pas que Dieu t'eût permis d'être ainsi le prix de la grandeur, s'il n'avait réservé sa propre gloire pour être le prix de de la vertu.

Élisabeth resta dans ce lieu de tristesse jusqu'à la chute du jour; elle y pleura, elle y pria beaucoup, et ses larmes et ses prières la soulagèrent. Dans les grandes infortunes, il est bon, il est utile de pouvoir passer quelques heures à méditer entre le ciel et la mort; du tombeau s'élèvent des pensées de courage; du ciel descendent de consolantes espérances : on craint moins le malheur là où on en voit la fin, et là où on en pressent la la récompense, on commence presqu'à l'aimer.

Élisabeth pleurait et ne murmurait point; elle remerciait Dieu des bienfaits qu'il avait répandus sur une partie de sa route, et ne croyait point avoir le droit de se plaindre parce qu'il les avait retirés à l'autre. Elle se retrouvait, comme sur les bords du Tobol, sans guide, sans secours, mais armée du même courage et remplie des mêmes sentimens: « Mon père! ma mère! s'écriait-elle, ne crai- « gnez rien, votre enfant ne se laissera point « abattre. » Ainsi elle cherchait à les rassurer, comme s'ils eussent pu deviner l'abandon où elle se trouvait. Et quand un secret effroi gagnait son cœur : « Mon père! ma mère! » répétait-t-elle encore, et ces noms calmaient sa frayeur. « Homme juste et maintenant « bienheureux, disait-t-elle en appuyant son « front sur la terre fraichement remuée, « faut-il vous avoir perdu avant que mon « noble père, ma tendre mère vous aient « remercié de vos soins pour leur pauvre « orpheline !... O bonheur d'être béni par

« eux! faut-il que vous en ayez été pri-
« vé! »

Quand la nuit commença à s'approcher, et qu'Élisabeth sentit qu'il fallait s'arracher de ce lieu funèbre, elle voulut y laisser quelques traces de son passage; et, prenant un caillou tranchant, elle traça ces mots sur la croix qui s'élevait au-dessus du cercueil: *Le juste est mort, et il n'y a personne qui y prenne garde* [1].

Alors, disant un dernier adieu aux cendres du pauvre religieux, elle sortit du cimetière, et revint tristement occuper la chambre déserte de l'auberge de Sarapoul. Le lendemain, quand elle voulut se remettre en route, l'hôte lui donna trois roubles, en l'assurant que c'était tout ce qui restait dans la bourse du missionnaire. Élisabeth les prit avec un sentiment de reconnaissance et d'attendrissement, comme si ces richesses, qu'elle devait à son protecteur, lui étaient arrivées de ce ciel où il habitait maintenant. « Ah! « s'écria-t-elle, mon guide, mon appui, ainsi

1 Isaïe, chap. 57, v. 1.

« votre charité vous survit; et quand vous « n'êtes plus auprès de moi, c'est elle qui « me soutient encore! »

Cependant, dans sa route solitaire, elle ne peut cesser de verser des larmes; tout est pour elle un objet de regret; tout lui fait sentir l'importance du bien qu'elle a perdu. Si un paysan, un voyageur curieux la regarde et l'interroge, elle n'a plus son vénérable protecteur pour commander le respect; si la fatigue l'oblige à s'asseoir, et qu'un kibich vide vienne à passer, elle n'ose point l'arrêter, dans la crainte d'un refus ou d'une insulte; d'ailleurs, ne possédant que trois roubles, elle aime mieux qu'ils lui servent à retarder le moment d'avoir recours aux aumônes qu'à lui procurer la moindre commodité: aussi se refuse-t-elle maintenant les légères douceurs que le bon missionnaire lui procurait souvent. Elle choisit toujours pour s'abriter les plus pauvres asiles, et se contente du plus mauvais lit et de la nourriture la plus grossière.

Ainsi, cheminant très-lentement, elle ne put arriver à Casan que dans les premiers jours d'octobre. Un grand vent de nord-ouest soufflait depuis plusieurs jours, et avait amassé beaucoup de glaçons sur les rives du Volga, ce qui avait rendu son passage presque impraticable. On ne pouvait le traverser que partie en nacelle, et partie à pied, en sautant de glaçon en glaçon. Les bateliers, accoutumés aux dangers de cette navigation, n'osaient aller d'un bord du fleuve à l'autre que pour l'appât d'un gain très-considérable, et nul passager ne se serait exposé à faire le trajet avec eux. Élisabeth, sans examiner le péril, voulut entrer dans un de leurs bateaux; ils la repoussèrent brusquement, en la traitant d'insensée, et jurant qu'ils ne permettraient pas qu'elle traversât le fleuve avant qu'il fût entièrement glacé. Elle leur demanda combien de temps il faudrait probablement attendre. « Au moins « deux semaines, répondirent-ils. » Alors elle résolut de passer sur-le-champ. « Je vous en « prie, leur dit-elle d'une voix suppliante, « au nom de Dieu, aidez-moi à traverser le « fleuve : je viens de par-delà Tobolsk, je « vais à Pétersbourg demander à l'empereur

« la grâce de mon père exilé en Sibérie; et « j'ai si peu d'argent, que, si je demeurais « quinze jours a Casan, il ne me resterait « plus rien pour continuer ma route. » Ces paroles touchèrent un des bateliers; il prit Élisabeth par la main : « Venez, lui dit-il, « je vais essayer de vous conduire; vous êtes « une bonne fille, craignant Dieu et aimant « votre père; le ciel vous protégera. » Il la fit entrer avec lui dans sa barque, et navigua jusqu'à moitié du fleuve; alors ne pouvant aller plus loin, il prit la jeune fille sur ses épaules, et, marchant sur les glaces en se soutenant sur son aviron, il atteignit sans accident l'autre rive du Volga, et y déposa son fardeau. Élisabeth, pleine de reconnaissance, après l'avoir remercié avec toute l'effusion du cœur le plus touché, voulut lui donner quelque chose. Elle tira sa bourse, qui contenait un peu moins de trois roubles : « Pauvre « fille, lui dit le batelier en regardant son « trésor, voilà donc tout ce que tu possèdes, « tout ce que tu as pour te rendre à Péters- « bourg! et tu crois que Nicolas Kisoloff t'en « ôterait une obole? Non, je veux plutôt y

« ajouter : cela me portera bonheur ainsi qu'à « mes six enfans. »

Alors il lui jeta une petite pièce de monnaie, et s'éloigna en lui criant : « Dieu veille « sur toi, ma fille ! »

Élisabeth ramassa sa petite pièce de monnaie ; et, la considérant avec un peu d'émotion, elle dit : « Je te garderai pour mon « père, afin que tu lui sois une preuve que « ses vœux ont été entendus, que son es« prit ne m'a point quittée, et que partout « une protection paternelle a veillé sur moi. »

Le temps était clair et serein ; mais par momens il venait du côté du nord des bouffées d'une bise très-froide. Après avoir marché quatre heures sans s'arrêter, Élisabeth se sentit très-fatiguée. Aucune maison ne s'offrant à ses regards, elle fut chercher un asile au pied d'une petite colline, dont les rochers bruns et coupés à pic la garantissaient de tous les vents. Près de là s'étendait une forêt de chênes : ce n'est que sur cette rive du Volga que l'on commence à voir cette espèce d'arbres. Élisabeth ne les connaissait point, et quoiqu'ils eussent déjà perdu une partie de leur parure, ils pouvaient être admirés encore; mais, quelque beaux qu'ils fussent, Élisabeth ne pouvait aimer ces arbres d'Europe; ils lui faisaient trop sentir la distance qui la séparait de ses parens; elle leur préférait beaucoup le sapin; le sapin était l'arbre de l'exil, l'arbre qui avait protégé son enfance, et sous l'ombre duquel ses parens se reposaient peut-être en cet instant. De telles pensées la faisaient fondre en larmes. « Oh! quand les reverrai-je! s'écriait-elle; « quand entendrai-je leur voix! quand re-« tournerai-je de ce côté pour tomber dans « leurs bras! » Et en parlant ainsi, elle tendait les siens vers Casan, dont elle apercevait encore les tours dans le lointain, et, au-dessus de la ville, l'antique forteresse des kans de Tartarie, se présentant sur le haut des rochers d'une manière imposante et pittoresque.

Le long de sa route, Élisabeth rencontrait souvent des objets qui portaient dans son cœur une tristesse à peu près semblable à celle qui naissait du sentiment de ses propres malheurs: tantôt c'étaient des infortunés enchaînés deux à deux, qu'on envoyait soit dans les mines de Nertshink, pour y travailler jusqu'à la mort, soit dans les campagnes d'Irkoutz, pour peupler les rives sauvages de l'Angara ; tantôt c'étaient des troupes de colons destinés à peupler la nouvelle ville qu'on bâtissait, par l'ordre de l'empereur, sur les frontières de la Chine. Les uns allaient à pied, et les autres étaient juchés sur des chariots avec les caisses et les ballots, les chiens et les poules. Cependant tous ces hommes, exilés pour des fautes qui ailleurs eussent peut-être été punies de mort, n'excitaient que la commisération d'Élisabeth; mais quand elle rencontrait quelques bannis conduits par un courrier du sénat, et dont la noble figure lui rappelait celle de son père, alors elle était émue jusqu'aux larmes; elle s'approchait avec respect du malheureux, et lui donnait ce qui dépendait d'elle : ce n'était point de l'or, elle n'en avait pas; mais c'était ce qui souvent console davantage, et ce que la plus pauvre des créatures peut donner comme la plus opulente, c'était de la pitié. Hélas! la pitié était la seule richesse d'Élisabeth; c'était avec la pitié qu'elle soulageait la peine des infortunés qu'elle rencontrait le long de sa route, et c'était à l'aide de la pitié qu'elle allait voyager désormais; car, en atteignant Volodimir, il ne lui restait plus qu'un rouble. Elle avait mis près de trois mois à se rendre de Sarapoul à Volodimir; et, grâce à l'hospitalité des paysans russes, qui, pour du lait et du pain, ne demandent jamais de paiement, son faible trésor n'était pas entièrement épuisé; mais elle commençait à manquer de tout: ses chaussures étaient déchirées, ses habis en lambeaux la garantissaient mal d'un froid qui était déjà à plus de trente degrés, et qui augmentait tous les jours. La neige couvrait la terre de plus de deux pieds d'épaisseur; quelquefois, en tombant, elle se gelait en l'air, et semblait une pluie de glaçons qui ne permettait de distinguer ni ciel ni terre; d'autres fois c'étaient des torrens d'eau qui creusaient des précipices dans les chemins, ou des coups de vent si furieux, qu'Élisabeth, pour éviter leur atteinte, était obligée de creuser un trou dans la neige, et de se couvrir la tête de longs morceaux d'écorce de pin, qu'elle arrachait adroitement, ainsi qu'elle l'avait vu pratiquer à certains habitans de la Sibérie.

Un jour que la tempête soulevait la neige par bouffées, et en formait une brume épaisse qui remplissait l'air de ténèbres, Élisabeth, chancelant à chaque pas, et ne pouvant plus distinguer son chemin, fut forcée de s'arrêter; elle se réfugia sous un grand rocher, contre lequel elle s'attacha étroitement, afin de résister aux tourbillons de vent qui renversaient tout autour d'elle. Tandis qu'elle demeurait là, appuyée, immobile et la tête baissée, elle crut entendre assez près un bruit confus, qui lui donna l'espérance de trouver un meilleur abri; elle se traina avec peine de ce côté, et aperçut en effet un kibick renversé et brisé, et un peu plus loin une chaumière. Elle se hâta d'aller frapper à cette porte hospitalière; une vieille femme vint lui ouvrir: « Pauvre jeune fille! lui dit-elle, émue de « sa profonde détresse, d'où viens tu, à ton « âge, ainsi seule, transie et couverte de

« neige? » Élisabeth répondit comme à son ordinaire : « Je viens de par-delà Tobolsk, « et je vais à Pétersbourg demander la grâce « de mon père. » A ces mots, un homme qui avait la tête penchée dans ses mains la releva tout à coup, regarda Élisabeth avec surprise : « Que dis-tu? s'écria-t-il ; tu « viens de la Sibérie dans cet état, dans cette « misère, au milieu des tempêtes, pour de- « mander la grâce de ton père? .. Ah! ma « pauvre fille ferait comme toi peut-être; « mais on m'a arraché de ses bras sans qu'elle « sache où l'on m'emmène, sans qu'elle « puisse solliciter pour moi; je ne la verrai « plus, j'en mourrai... on ne peut pas vivre « loin de son enfant... » Élisabeth tressaillit. « Monsieur, reprit-elle vivement, j'espère « qu'on peut vivre quelque temps loin de « son enfant. Maintenant que je connais mon « sort, continua l'exilé, je pourrais en ins- « truire ma fille : voici une lettre que je lui « ai écrite; le courrier de ce kibick renversé, « qui retourne à Riga où est ma fille, con- « sentirait à s'en charger, si j'avais la moindre « récompense à lui offrir : mais la moindre

« de toutes n'est pas en mon pouvoir : je ne « possède pas un simple kopeck; les cruels « m'ont tout enlevé. »

Élisabeth sortit de sa poche le rouble qui lui restait, en rougissant beaucoup d'avoir si peu à offrir. « Si cela pouvait suffire, » dit-elle d'une voix timide en le mettant dans la main de l'exilé. Celui-ci serra la main généreuse qui lui donnait toute sa fortune, et courut proposer l'argent au courrier : c'était le denier de la veuve; le courrier s'en contenta. Dieu sans doute avait béni l'offrande, il permit qu'elle parût ce qu'elle était, grande et magnifique, afin que, servant à rendre une fille à son père, le bonheur à une famille, elle portât des fruits dignes du cœur qui l'avait faite.

Quand l'ouragan fut calmé, Élisabeth voulut se remettre en route. Elle embrassa la vieille femme qui l'avait soignée comme sa propre fille, et lui dit tout bas, pour que l'exilé ne l'entendît pas : « Je ne puis vous « récompenser, je n'ai plus rien du tout; je « ne puis vous offrir que les bénédictions de « mes parens; elles sont à présent ma seule

« richesse. Quoi! interrompit la vieille femme « tout haut, pauvre fille, vous avez tout « donné? » Élisabeth rougit et baissa les yeux. L'exilé leva les mains au ciel, et tomba à genoux devant elle: « Ange qui m'as tout « donné, lui dit-il, ne puis-je rien pour toi? » Un couteau était sur la table, Élisabeth le prit, coupa une boucle de ses cheveux, et, la donnant à l'exilé, elle dit: « Monsieur, « puisque vous allez en Sibérie, vous verrez « le gouverneur de Tobolsk; donnez-lui « ceci, je vous en prie: Élisabeth l'envoie à « ses parens, lui direz-vous... Peut-être con- « sentira-t-il que ce souvenir aille les ins- « truire que leur enfant existe encore. Ah! « je jure de vous obéir, répondit l'exilé; et, « dans ces déserts où l'on m'envoie, si je ne « suis point tout-à-fait esclave, je saurai « trouver la cabane de vos parens, et leur « dire ce que vous avez fait aujourd'hui. »

Avec le cœur d'Élisabeth, le don d'un trône l'eût bien moins touchée que l'espoir des consolations qu'on lui promettait de porter à ses parens. Elle ne possédait plus rien, rien que la petite pièce de monnaie du batelier du Volga, et cependant elle pouvait se croire opulente, car elle venait de goûter les seuls vrais biens que les richesses puissent procurer : par ses dons, elle avait fait la joie d'un père ; elle avait consolé l'orpheline en pleurs ; et voilà pourtant ce qu'un seul rouble peut produire entre les mains de la charité !

Depuis Volodimir jusqu'à Pokrof, village de la couronne, le pays est dans un bas-fond très-marécageux et couvert de forêts d'ormes, de chênes, de trembles et de pommiers sauvages. Dans l'été, ces différentes espèces d'arbres forment des bosquets qui réjouissent la vue, mais qui sont ordinairement le refuge des voleurs : l'hiver on les redoute moins, parce que les taillis dépouillés de feuilles ne leur permettent pas de se cacher aussi bien. Cependant, le long de sa route, Élisabeth entendait parler des vols qui s'étaient commis ; si elle avait possédé quelque chose, peut-être ces bruits l'eussent-il effrayée ; mais, obligée de mendier son pain, il lui semblait que sa pauvreté la mettait à l'abri de tout, et que, sous cette égide, elle pouvait traverser ces forêts sans danger.

Quelques verstes avant Pokrof, la grande route venait d'être emportée par un ouragan, et les voyageurs étaient obligés, pour se rendre à Moscou, de faire un grand détour à travers les marécages que le Volga forme en cet endroit ; ils étaient couverts d'une glace si épaisse, qu'on y marchait aussi solidement que sur la terre. Élisabeth prit cette route qu'on lui avait indiquée ; elle marcha long-temps à travers ce désert de glace ; mais comme aucun chemin n'y était tracé, elle se perdit, et tomba dans une espèce de marais fangeux dont elle eut beaucoup de peine à se tirer. Enfin, après bien des efforts, elle gagna un tertre un peu élevé. Couverte de boue et épuisée de fatigue, elle s'assit sur une pierre, et détacha sa chaussure pour la faire sécher au soleil, qui brillait en ce moment d'un éclat assez vif. Ce lieu était sauvage ; on n'y voyait aucune trace d'habitation, il n'y passait personne, et on n'y entendait même aucun bruit. Élisabeth vit bien qu'elle s'était beaucoup écartée de la grande route, et, malgré son courage, elle fut effrayée de sa situation. Derrière elle était le marais qu'elle venait de traverser, et au delà une immense forêt dont ses yeux n'apercevaient pas la fin. Le jour commençait à décliner. Malgré son extrême lassitude, la jeune fille se leva dans l'espoir de trouver un asile, ou des gens qui l'aideraient à en trouver un ; elle erra çà et là, mais en vain; elle ne voyait rien, elle n'entendait rien, et cependant il lui semblait qu'une voix humaine eût rempli son cœur de joie... Tout à coup elle en entend plusieurs, et bientôt elle voit des hommes qui sortent de la forêt: elle marche vers eux pleine d'espérance; mais plus ils approchent, plus elle sent l'effroi succéder à la joie : leur air sauvage, leur physionomie farouche l'épouvantent plus que la solitude où elle était; elle se rappelle ce qu'on lui a dit des malfaiteurs qui remplissent cette contrée, et elle craint que Dieu ne la punisse de la témérité qui lui a persuadé qu'elle n'avait rien à craindre; elle tombe à genoux pour s'humilier devant la miséricorde divine. Cependant la troupe s'avance, s'arrête auprès d'Élisabeth, la regarde, et lui demande d'où elle vient et ce qu'elle fait là. La jeune fille, les yeux baissés, et d'une voix tremblante, répond qu'elle vient de par-delà Tobolsk, et qu'elle va demander à l'empereur la grâce de son père; elle ajoute qu'elle a pensé périr dans le marais, et qu'elle attend qu'elle ait repris un peu de force pour aller chercher un asile. Ces gens s'étonnent, la questionnent encore, et veulent savoir quel argent elle possède pour faire une si longue route. Elle tire de son sein la petite pièce de monnaie du batelier du Volga, et la leur montre. « Voilà « tout? s'écrient-ils. Tout, » leur répondit-elle. A ces mots, les bandits se regardent l'un l'autre; ils ne sont point touchés, ils ne sont point émus : l'habitude du crime ne permet pas de l'être; mais ils sont surpris; ils n'avaient point l'idée de ce qu'ils voient; c'est pour eux quelque chose de surnaturel, et cette jeune fille leur semble protégée par un pouvoir inconnu. Saisis de respect, ils n'osent pas lui faire de mal, ils n'osent pas même lui faire du bien; ils s'éloignent en se disant entre eux : « Laissons-la, laissons-

« la, car Dieu est assurément auprès d'elle. »

Élisabeth se lève et fuit le plus vite qu'elle peut du côté opposé ; elle entre dans la forêt. A peine y a-t-elle fait quelques pas, qu'elle voit quatre grandes routes formant la croix, et à un des angles une petite chapelle dédiée à la Vierge, surmontée d'un poteau qui indique les villes où conduit chacun des chemins. Élisabeth sent qu'elle est sauvée ; elle se prosterne avec reconnaissance : les malfaiteurs ne s'étaient pas trompés, Dieu était auprès d'elle.

La jeune fille ne sent plus sa fatigue, l'espoir lui a rendu des forces ; elle prend légèrement la route de Pokrof ; bientôt elle retrouve le Volga, qui forme un coude auprès de ce village, et baigne les murs d'un pauvre couvent de filles. Élisabeth se hâte d'aller frapper à cette porte hospitalière : elle raconte sa peine, et demande un asile ; on le lui donne aussitôt ; elle est accueillie, reçue comme une sœur, et, en se voyant entourée de ces âmes pieuses et pures qui lui prodiguent les plus tendres soins, elle croit un moment avoir retrouvé sa mère. Le récit simple et modeste qu'Élisabeth fit de ses aventures fut un sujet d'édification pour toute la communauté. Ces bonnes sœurs ne se lassaient point d'admirer la vertu de cette jeune fille qui venait d'endurer tant de fatigues, de soutenir tant d'épreuves sans avoir murmuré une seule fois. Elles regrettaient beaucoup de n'avoir pas de quoi fournir aux frais de son voyage; mais leur couvent était très-pauvre; il ne possédait aucun revenu, et elles-mêmes ne vivaient que de charités. Cependant elles ne purent se résoudre à laisser l'orpheline continuer sa route avec une robe en lambeaux et des souliers déchirés; elles se dépouillèrent pour la couvrir, et chacune donna une partie de ses propres vêtemens. Élisabeth voulait refuser leurs dons, car c'était avec leur nécessaire que ces pieuses filles la secouraient : mais celles-ci, montrant les murs de leur couvent, lui dirent : « Nous avons un abri, et vous n'en « avez pas; le peu que nous possédons vous « appartient, vous êtes plus pauvre que « nous. »

Enfin voici Élisabeth sur la route de

Moscou; elle s'étonne du mouvement extraordinaire qu'elle y voit, de la quantité de voitures, de traîneaux, d'hommes, de femmes, de gens de toute espèce qui semblent affluer vers cette grande capitale; plus elle avance, et plus la foule augmente. Dans le village où elle s'arrête, elle trouve toutes les maisons pleines de gens qui paient à si haut prix une très-petite place, que l'infortunée, qui n'a rien à donner, ne peut que bien difficilement en obtenir une. Ah! que de larmes elle dévore en recevant d'une compassion dédaigneuse un grossier aliment et un abri misérable où sa tête est à peine à couvert de la neige et des tempêtes! Cependant elle n'est point humiliée, car elle n'oublie jamais que Dieu est témoin de ses sacrifices, et que le bonheur de ses parens en est le but: mais elle ne s'enorgueillit pas non plus: trop simple pour croire qu'en se dévouant à toutes les misères en faveur de ses parens, elle fasse plus que son devoir, et trop tendre peut-être pour ne pas trouver un secret plaisir à souffrir beaucoup pour eux.

Cependant de tous côtés les cloches s'ébranlent, de tous côtés Élisabeth entend retentir le nom de l'empereur. Des coups de canon partis de Moscou viennent l'épouvanter; jamais un tel bruit n'avait frappé ses oreilles. D'une voix timide elle en demanda la cause à des gens couverts d'une riche livrée, qui se pressaient autour d'une voiture renversée. « C'est l'empereur qui fait sans « doute son entrée à Moscou, lui dirent-ils. « Comment! reprit-elle avec surprise; est-ce « que l'empereur n'est pas à Pétersbourg? » Ils haussèrent les épaules d'un air de pitié, en lui répondant: « Eh quoi! pauvre fille, « ne sais-tu pas qu'Alexandre vient faire la « cérémonie de son couronnement à Mos- « cou? » Élisabeth joignit les mains avec transport: le ciel venait à son secours; il envoyait au-devant d'elle le monarque qui tenait entre ses mains la destinée de ses parens; il permettait qu'elle arrivât dans un de ces temps de réjouissances nationales où le cœur des rois fait taire la rigueur, et même la justice, pour n'écouter que la clémence. « Ah! s'écria-t-elle en se tournant du côté « des terres de l'exil, mes parens, faut-il

« que mes espérances ne soient que pour « moi, et que, lorsque votre fille est heu- « reuse, sa voix ne puisse aller jusqu'à vous ! »

Elle entra, en mars 1801, dans l'immense capitale de la Moscovie, se croyant au terme de ses peines, et n'imaginant pas qu'elle dût avoir de nouveaux malheurs à craindre. En avançant dans la ville, elle vit des palais superbes, décorés avec une magnificence royale, et près de ces palais des huttes enfumées, ouvertes à tous les vents; elle vit ensuite des rues si populeuses, qu'elle pouvait à peine marcher au milieu de la foule qui la pressait et la coudoyait de toutes parts. A très-peu de distance, elle retrouva des bois, des champs, et se crut en pleine campagne; elle se reposa un moment dans la grande promenade; c'est une allée de bouleaux qui ressemble assez aux allées de tilleuls. Un nombre infini de personnes s'y promenaient en s'entretenant de la cérémonie du couronnement; des voitures allaient, venaient, se croisaient en tous sens avec un grand fracas; les énormes cloches de la cathédrale ne cessaient de sonner; de tous les points de la ville d'autres cloches leur répondaient, et le canon qui tirait par intervalles se faisait à peine entendre au milieu du bruit dont retentissait cette vaste cité. C'était surtout en approchant de la place du Krémelin, que le tumulte et le mouvement allaient toujours croissant; de grands feux y étaient allumés; Élisabeth s'en approcha et s'assit timidement à côté. Elle était épuisée de froid et de fatigue: elle avait marché tout le jour, et sa joie du matin commençait à se changer en tristesse; car, en parcourant les innombrables rues de Moscou, elle avait bien vu des maisons magnifiques, mais elle n'avait pas trouvé un asile; elle avait bien rencontré une foule nombreuse de gens de toute espèce et de toutes nations, mais elle n'avait pas trouvé un protecteur; elle avait entendu des personnes demander leur chemin, s'inquiéter de l'avoir perdu, et elle avait envié leur sort: « Heureux, se disait-« elle, d'avoir quelque chose à chercher! il « n'y a que l'infortunée qui n'a point d'asile « qui ne cherche rien, et qui ne se perd « point. »

Cependant la nuit approchait, et le froid devenait très vif; la pauvre Élisabeth n'avait pas mangé de tout le jour, elle ne savait que devenir; elle cherchait à lire sur tous les visages si elle n'en trouverait pas un dont elle pût espérer quelque pitié : mais ce monde, qu'elle regardait avec attention parce qu'elle avait besoin de lui, ne la regardait seulement pas, parce qu'il n'avait pas besoin d'elle. Elle se hasarde à aller frapper à la porte des plus pauvres réduits; partout elle fut rebutée : l'espoir de faire un gain considérable pendant les fêtes du couronnement avait fermé le cœur des moindres aubergistes à la charité : jamais on n'est moins disposé à donner que quand on se voit au moment de s'enrichir.

La jeune fille revint s'asseoir auprès du grand feu de la place de Krémelin; elle pleurait en silence, le cœur oppressé, et n'ayant pas même la force de manger un morceau de pain qu'une vieille femme lui avait donné par compassion. Elle se voyait réduite à ce degré de misère où il fallait tendre la main aux passans pour en obtenir une faible aumône, accordée avec distraction, ou refusée avec mépris. Au moment de le faire, un mouvement d'orgueil la retint; mais le froid était si violent, qu'en passant la nuit dehors, elle risquait sa vie, et sa vie ne lui appartenait pas. Cette pensée dompta la fierté de son cœur : une main sur ses yeux, elle avança l'autre vers le premier passant, et lui dit : « Au nom du père qui vous aime, « de la mère de qui vous tenez le jour, don- « nez-moi de quoi payer un gîte cette nuit. » L'homme à qui elle s'adressait la regarda avec curiosité à la lueur du feu. « Jeune « fille, lui répondit-il, vous faites là un « vilain métier; ne pouvez-vous pas travailler? « A votre âge on devrait savoir gagner sa « vie; Dieu vous aide! je n'aime point les « mendians. » Et il passa outre.

L'infortunée leva les yeux au ciel comme pour y chercher un ami : fortifiée par la voix consolante qui s'éleva alors dans son cœur, elle osa réitérer sa demande à plusieurs personnes : les unes passèrent sans l'entendre; d'autres lui donnèrent une si faible aumône, qu'elle ne pouvait suffire à ses besoins. Enfin, comme la nuit s'avançait, que la foule s'écoulait, et que les feux allaient s'éteindre, la garde qui veillait aux portes du palais, en faisant sa ronde sur la place, s'approcha d'Élisabeth, et lui demanda pourquoi elle restait là. L'air dur et sauvage de ces soldats la glaça de terreur; elle fondit en larmes sans avoir le courage de répondre un seul mot. Les soldats, peu émus de ses pleurs, l'entourèrent en répétant leur question avec une insolente familiarité. La jeune fille répondit alors d'une voix tremblante: « Je viens de par-delà Tobolsk pour « demander à l'empereur la grâce de mon « père: j'ai fait la route à pied; et comme je « ne possède rien, personne n'a voulu me « recevoir. » A ces mots, les soldats éclatèrent de rire, en taxant son histoire d'imposture. L'innocente fille, vivement alarmée, voulut s'échapper; ils ne le permirent pas, et la retinrent malgré elle. « O mon Dieu! « ô mon père! s'écria-t-elle avec l'accent du « plus profond désespoir, ne viendrez-vous « pas à mon secours? Avez-vous abandonné « la pauvre Élisabeth? »

Pendant ce débat, des hommes du peuple, attirés par le bruit, s'étaient rassemblés en groupes, et laissaient éclater un murmure d'improbation contre la dureté des soldats. Élisabeth étend les bras, et s'écrie : « Je le « jure à la face du ciel, je n'ai point menti ; « je viens à pied de par-delà Tobolsk pour « demander la grâce de mon père : sauvez-« moi, sauvez-moi ! et que je ne meure du « moins qu'après l'avoir obtenue ! » Ces mots remuent tous les cœurs ; plusieurs personnes s'avancent pour la secourir. Une d'elles dit aux soldats : « Je tiens l'auberge de Saint-« Basile sur la place, je vais y loger cette « jeune fille ; elle paraît honnête, laissez-la « venir avec moi. » Les soldats, émus enfin d'un peu de pitié, ne la retiennent plus, et se retirent. Élisabeth embrasse les genoux de son protecteur ; il la relève, et la conduit dans son auberge à quelque pas de là. « Je « n'ai pas une seule chambre à te donner, « dit-il, elles sont toutes occupées ; mais, « pour une nuit, ma femme te recevra dans « la sienne ; elle est bonne, et se gênera sans « peine pour t'obliger. » Élisabeth tremblante le suit sans dire un seul mot ; il l'introduit dans une petite salle basse, où une jeune femme, tenant un enfant dans ses bras, était assise près d'un poêle : elle se lève en les voyant. Son mari lui raconte à quel danger il vient d'arracher cette infortunée, et l'hospitalité qu'il lui a promise en son nom. La jeune femme confirme la promesse ; et, prenant la main d'Élisabeth, elle lui dit avec un sourire plein de bonté : « Pauvre petite ! « comme elle est pâle et agitée ! mais rassu-« rez-vous, nous aurons soin de vous, et « une autre fois évitez, croyez-moi, de rester « aussi tard sur la place. A votre âge, et « dans les grandes villes, il ne faut jamais « être à cette heure-ci dans les rues. Élisabeth répondit qu'elle n'avait aucun asile, que toutes les portes lui avaient été fermées : elle avoua sa misère sans honte, et raconta son voyage sans orgueil. La jeune femme pleura en l'écoutant ; son mari pleura aussi ; et ni l'un ni l'autre ne s'imaginèrent de soupçonner que ce récit ne fût pas sincère, leurs larmes leur en répondaient. Les gens du peuple ne se trompent guère à cet égard ;

les brillantes fictions ne sont point à leur portée, et la vérité seule a le droit de les toucher.

Quand elle eut fini, Jacques Rossi, l'aubergiste, lui dit : « Je n'ai pas grand crédit « dans la ville ; mais tout ce que je ferais « pour moi-même, comptez que je le ferai « pour vous. » La jeune femme serra la main de son mari en signe d'approbation, et demanda à Élisabeth si elle ne connaissait personne qui pût l'introduire auprès de l'empereur. « Personne », dit-elle ; car elle ne voulait pas nommer le jeune Smoloff, de peur de le compromettre ; d'ailleurs, quel secours pouvait-elle en attendre, puisqu'il était en Livonie ? « N'importe, reprit la « jeune femme ; auprès de notre magnanime « empereur, la piété et le malheur sont les « plus puissantes recommandations, et celles- « là ne vous manqueront pas... Oui, oui, in- « terrompit Jacques Rossi ; l'empereur « Alexandre doit être couronné demain dans « l'église de l'Assomption, il faut que vous « vous trouviez sur son passage ; vous vous » jetterez à ses pieds, vous lui demanderez

« la grâce de votre père; je vous accompa« gnerai, je vous soutiendrai... Ah! mes gé« néreux hôtes, s'écria Élisabeth en saisissant « leurs mains avec la plus vive reconnais« sance, Dieu vous entend, et mes parens « vous béniront; vous m'accompagnerez, « vous me soutiendrez, vous me conduirez « aux pieds de l'empereur... Peut-être serez« vous témoins de mon bonheur, du plus « grand bonheur qu'une créature humaine « puisse goûter... Si j'obtiens la grâce de « mon père, si je puis la lui rapporter, voir « sa joie et celle de ma mère... » Elle ne put achever; l'image d'une pareille félicité lui ôta l'espérance de l'obtenir; il lui semblait qu'elle n'avait pas mérité d'être si heureuse. Ses hôtes ranimèrent son espoir par les éloges qu'ils donnèrent à la clémence d'Alexandre, par le récit qu'ils lui firent de toutes les grâces qu'il avait accordées, et du plaisir qu'il paraissait prendre à faire le bien. Élisabeth les écoutait avidement; elle aurait passé la nuit à les entendre; mais il était fort tard, ses hôtes voulurent qu'elle prît un peu de repos pour se préparer à la fatigue du lendemain. Jacques Rossi se retira dans une petite chambre au plus haut de la maison, et sa bonne femme reçut Élisabeth dans son propre lit.

Pendant long-temps elle ne put dormir, son cœur était trop agité, trop plein; elle remerciait Dieu de tout, même de ses peines, dont l'excès lui avait valu la généreuse hospitalité qu'elle recevait. « Si j'avais été « moins malheureuse, se disait-elle, Jacques « Rossi n'aurait pas eu pitié de moi. » Quand le sommeil vint la surprendre, il ne lui ôta point son bonheur; de doux songes le lui offrirent sous toutes les formes; tantôt elle croyait voir son père, tantôt la touchante figure de sa mère lui apparaissait brillante de joie; quelquefois il lui semblait entendre la voix de l'empereur lui-même; et quelquefois aussi un autre objet se montrait à travers une vapeur qui cachait ses traits, et ne lui permettait pas de les distinguer plus que les sentimens qu'il avait fait naître dans son cœur.

Le lendemain de nombreuses salves d'artillerie, le roulement des tambours et les cris de joie de tout le peuple ayant annoncé la fête du jour, Élisabeth, vêtue d'un habit que lui avait prêté sa bonne hôtesse, et appuyée sur le bras de Jacques Rossi, se mêla parmi la foule qui suivait le cortége, et se rendit à la grande église de l'Assomption, où l'empereur Alexandre devait être couronné.

Le temple saint était éclairé de plus de mille flambeaux, et décoré avec une pompe éblouissante. Sur un trône éclatant, surmonté d'un riche dais, on voyait l'empereur et sa jeune épouse, vêtus d'habits magnifiques, et brillans d'une si extraordinaire beauté; qu'ils paraissaient à tous les regards comme des êtres célestes. Prosternée devant son auguste époux, la princesse recevait de ses mains la couronne impériale, et ceignait son front modeste de ce superbe gage de leur éternelle union. Vis-à-vis d'eux, le vénérable Platon, patriarche de Moscou, du haut de la chaire de vérité rappelait à Alexandre, dans un discours éloquent et pathétique, tous les devoirs des rois, et l'effrayante responsabilité que Dieu fait peser sur leurs têtes pour compenser la splendeur et la puissance dont il les environne. Parmi cette foule immense qui remplissait l'église, il lui montrait des Kamchadales [1] apportant des tributs de peaux de loutre arrachées aux îles Aleutiennes [2], qui touchent au continent de l'Amérique; des négocians d'Archangel, chargés des richesses que leurs vaisseaux vont chercher dans les mers d'Europe; il lui montrait des Samoïèdes [3] venus de l'embouchure de l'É-

[1] Kamchadales, ou plutôt Kamtschadales, est le nom que l'on donne aux habitans du Kamtschatka. La chasse et la pêche sont leur occupation principale: le chien est leur animal domestique favori. Ils voyagent dans de petites charrettes traînées par des chiens, et sont en général extrêmement superstitieux.

[2] Les îles Aleutiennes ou Aleutsky. C'est ainsi que l'on nomme cette chaîne d'îles qui s'étend depuis le Kamtschatka au nord jusqu'au continent de l'Amérique, et qui n'est en effet qu'une branche des montagnes du Kamtschatka. Elles furent découvertes peu de temps après l'île de Bethring: Attak, Shemya et Semitshi furent les premières auxquelles les Russes donnèrent le nom d'*Aleutkie ostrova*. Le mot *Aleut* signifie un roc chauve ou nu. Celles des îles qui sont les plus voisines de l'Amérique sont connues sous le nom d'Andreanofskoi et d'îles aux Renards (*Fox Islands*).

[3] Les Samoïèdes sont des peuples tartares qui occupent le nord de la Russie entre la Tartarie asiati-

nisséi [1], où règne un éternel hiver, où les moissons sont inconnues, où jamais un grain n'a germé; et des naturels d'Astracan, qui voient mûrir dans leurs champs le melon, la figue, et le doux fruit de la vigne qui y donne un vin exquis; il lui montrait enfin des habitans de la mer Noire, de la mer Caspienne et de cette grande Tartarie, qui, bornée par la Perse, la Chine et l'empire du Mogol, s'étend du couchant à l'aurore, embrasse une moitié du monde, et atteint presque jusqu'au pôle. « Maître du plus vaste « empire de l'univers, lui disait-il, vous qui « allez jurer de présider aux destinées d'un « état qui contient la cinquième partie du « globe, n'oubliez jamais que vous allez ré- « pondre devant Dieu du sort de tant de

que et le gouvernement d'Archangel, le long de la mer jusqu'en Sibérie : ils vivent de la chasse et de la pêche comme les Kamtschadales.

[1] L'Énisséi, ou Yénisséy, appelé *Kem* par les Tartares et Mongoles, et *Gub* ou *Khases*, qui signifie grande rivière, par les Ostiaques, est formé de deux rivières, le Kamsara et le Veikem, qui ont leur source dans la Soongorie chinoise. Après un long cours vers le nord, il se jette dans la mer Glaciale.

« milliers d'hommes, et qu'une injustice faite « au moindre d'entre eux, et que vous « auriez pu prévenir, vous sera comptée au « dernier jour. » A ces paroles le cœur du jeune empereur parut vivement ému; mais il y avait dans l'église un cœur qui n'était pas moins ému peut-être, c'était celui qui allait demander la grâce d'un père.

Au moment où Alexandre prononça le serment solennel par lequel il s'engageait à dévouer son temps et sa vie au bonheur de ses peuples, Élisabeth crut entendre la voix de la clémence qui ordonnait de briser les chaînes de tous les malheureux; elle ne put se contenir plus long-temps. Avec une force surnaturelle, elle écarte la foule, se fait jour à travers les haies de soldats, s'élance vers le trône, en s'écriant: *Grâce! grâce!* Cette voix, qui interrompait la cérémonie, causa beaucoup de rumeur. Des gardes s'avancèrent et entraînèrent Élisabeth hors de l'église, en dépit de ses prières et des efforts du bon Jacques Rossi. Cependant l'empereur dans un si beau jour ne veut pas avoir été imploré en vain; il ordonne à un de ses officiers d'aller savoir ce que cette femme demande. L'officier obéit : il sort de l'église, il entend les accens supplians de l'infortunée qui se débat au milieu des gardes ; il tressaille, précipite ses pas, la voit, la reconnaît, et s'écrie : « C'est elle, c'est Élisabeth ! » La jeune fille ne peut croire à tant de bonheur, elle ne peut croire que Smoloff soit là pour sauver son père ; cependant c'est sa voix, ses traits, elle ne peut s'y méprendre ; elle le regarde en silence, et étend ses bras vers lui comme s'il venait lui ouvrir les portes du ciel. Il court à elle, hors de lui-même ; il lui prend la main, il doute presque de ce qu'il voit : « Élisabeth, lui dit-il, est-ce bien « toi ? D'où viens-tu, ange du ciel ? — Je « viens de Tobolsk. — De Tobolsk, seule, « à pied ? » Il tremblait d'agitation en parlant ainsi. « Oui, répondit-elle, je suis venue « seule, à pied, pour demander la grâce de « mon père, et on m'éloigne du trône, on « m'arrache de devant l'empereur. Viens, « viens Élisabeth, interrompit le jeune homme « avec enthousiasme, c'est moi qui te présen- « terai à l'empereur ; viens lui faire entendre

« ta voix, viens lui adresser ta prière, il n'y « résistera pas. » Il écarte les soldats, ramène Élisabeth vers l'église. En ce moment, le cortége impérial défilait par la grande porte; aussitôt que le monarque parut, Smoloff se fit jour jusqu'à lui, en tenant Élisabeth par la main. Il se jette à genoux avec elle, il s'écrie: « Sire, écoutez-moi, « écoutez la voix du malheur, de la vertu; « vous voyez devant vous la fille de l'in- « fortuné Stanislas Potowsky [1]. Elle arrive « des déserts d'Ischim, où depuis douze ans

[1] Il y a quelque inconvénient, dans les romans qui se lient à l'histoire, d'employer des noms connus et des époques remarquables. La famille Potowska, ou, selon la véritable orthographe, Potocka, est bien une des plus illustres de la Pologne, et un membre de cette famille a effectivement été victime en Russie de son courage patriotique; mais c'était le comte Ignace Potocky, et non pas Stanislas. Il ne fut point envoyé en Sibérie, mais dans les cachots d'une très-dure prison d'état, avec Kosciusko, et ce fut l'impératrice Catherine II qui l'y plongea: il en fut délivré, ainsi que son compagnon d'infortune, par le fils de cette souveraine, l'empereur Paul.

La jeune fille, qui fit en effet deux mille quatre cents milles d'Angleterre, seule, à pied, pour demander la grâce de son père à Pétersbourg, ne te-

« ses parens languissent dans l'exil; elle est « partie seule, sans secours; elle a fait la « route à pied, demandant l'aumône, et bra- « vant les rebuts, la misère, les tempêtes, « tous les dangers, toutes les fatigues, pour « venir implorer à vos pieds la grâce de son « père. » Élisabeth éleva ses mains vers le ciel, en répétant: « La grâce de mon père! » Il y eut parmi la foule un cri d'admiration, l'empereur lui-même fut frappé: il avait de fortes préventions contre Stanislas Potowsky; mais en ce moment elles s'effacèrent: il crut que le père d'une fille si vertueuse ne pouvait être coupable; mais l'eût-il été, Alexandre aurait pardonné encore. « Votre père « est libre, lui dit-il, je vous accorde sa « grâce. » Élisabeth n'en entendit pas davantage: à ce mot de *grâce*, une trop vive joie la saisit, et elle tomba sans connaissance entre les bras de Smoloff. On l'emporta à travers une foule immense qui s'ouvri

nait à aucune famille distinguée. Son nom était Praskowja Lupolowa. Elle mourut à Novogorod en 1810, six ans après son généreux dévouement. Son père avait été exilé en Sibérie en 1798.

devant elle, en jetant des cris et en applaudissant à la vertu de l'héroïne et à la clémence du monarque. On la transporta dans la demeure du bon Jacques Rossi; c'est là qu'elle reprit l'usage de ses sens. Le premier objet qu'elle vit fut Smoloff à genoux auprès d'elle; les premiers mots qu'il lui dit furent les paroles qu'elle venait d'entendre de la bouche du monarque: « Élisabeth, votre « père est libre; sa grâce vous est accordée. » Elle ne pouvait parler encore, ses regards seuls disaient sa joie et sa reconnaissance; ils disaient beaucoup. Enfin elle se pencha vers Smoloff; d'une voix émue, tremblante, elle prononça le nom de son père, celui de sa mère: « Nous les reverrons donc, ajouta-« t-elle, nous jouirons de leur bonheur! » Ces mots pénétrèrent jusqu'au fond de l'âme du jeune homme. Élisabeth ne lui avait point dit qu'elle l'aimait, mais elle venait de l'associer au premier sentiment de son cœur, au premier besoin de sa vie; elle venait de le mettre de moitié dans la plus douce félicité qu'elle attendait de l'avenir. Dès ce moment il osa concevoir l'espérance qu'elle pourrait peut-être consentir un jour à ne plus séparer ce qu'elle venait d'unir.

Plusieurs jours se passèrent avant que la grâce pût être expédiée ; il fallait revoir l'affaire de Stanislas Potowsky ; en l'examinant, Alexandre fut convaincu que la seule équité lui eût ordonné de briser les fers du noble palatin ; mais il avait fait grâce avant de savoir qu'il devait faire justice, et les exilés ne l'oublièrent jamais.

Un matin, Smoloff entra chez Élisabeth plus tôt qu'il ne l'avait osé faire jusqu'alors ; il lui présenta un parchemin scellé du sceau impérial : « Voici, lui dit-il, l'ordre que « l'empereur envoie à mon père de mettre le « vôtre en liberté. » La jeune fille saisit le parchemin, le pressa contre son visage et le couvrit de larmes. « Ce n'est pas tout, ajouta « Smoloff avec émotion, notre magnanime « empereur ne se contente pas de rendre la « liberté à votre père, il lui rend ses dignités, son rang, ses richesses, toutes ces grandeurs humaines qui élèvent les autres « hommes, mais qui ne pourront élever « Élisabeth. Le courrier porteur de cet

« ordre doit partir demain matin; j'ai ob-
« tenu de l'empereur la permission de l'ac-
« compagner. Et moi, interrompit vivement
« Élisabeth, ne l'accompagnerai-je pas? Ah !
« vous l'accompagnerez sans doute, reprit
« Smoloff. Quelle autre bouche que la vôtre
« aurait le droit d'apprendre à votre père
« qu'il est libre? J'étais sûr de votre intention,
« j'en ai informé l'empereur; il a été touché,
« il vous approuve, et il me charge de vous
« annoncer que demain vous pourrez partir;
« qu'il vous donne une de ses voitures,
« deux femmes pour vous servir, et une
« bourse de deux mille roubles que voici
« pour vos frais de route. » Élisabeth regarda
Smoloff; elle lui dit: « Depuis le premier
« jour où je vous ai vu, je ne me souviens
« pas d'avoir obtenu un seul bien dont vous
« n'ayez été l'auteur: sans vous, je ne tien-
« drais point cette grâce de mon père; sans
« vous, il n'aurait jamais revu sa patrie.
« Ah! c'est à vous à lui apprendre qu'il est
« libre, et ce bonheur sera le seul digne de
« vos bienfaits. Non, Élisabeth, repartit le
« jeune homme: ce bonheur sera votre par-

« tage, moi j'aspire à un plus haut prix. Un « plus haut prix ! s'écria-t-elle, ô mon Dieu ! « quel peut-il être ? » Smoloff fit un mouvement pour parler ; il se retint, il baissa les yeux ; et, après un assez long silence, il répondit d'une voix émue : « Je vous le « dirai aux genoux de votre père. »

Depuis que Smoloff avait retrouvé Élisabeth, il ne s'était point passé un seul jour sans qu'il la vît, sans qu'il demeurât plusieurs heures de suite avec elle, sans qu'il n'eût une nouvelle raison de l'aimer davantage, et sans qu'il s'écartât un moment du respect qu'il lui devait. Elle était loin de ses parens, elle n'avait d'autre protecteur que lui, et cette jeune fille sans défense était à ses yeux un objet trop sacré, trop saint, pour qu'il n'eût pas rougi de lui exprimer un sentiment qu'elle-même aurait rougi d'entendre.

Avant de quitter Moscou, Élisabeth avait libéralement récompensé ses bons hôtes ; de même, en passant le Volga devant Casan, elle se ressouvint du batelier Nicolas Kisoloff ; elle demanda ce qu'il était devenu : on lui apprit que, par la suite d'une chute, il était tombé dans la plus profonde misère, gisant sur un grabat au milieu de six enfans qui manquaient de pain. Élisabeth se fit conduire chez lui : il l'avait vue pauvre et en lambeaux; elle revenait riche et brillante, il ne la reconnut pas. Elle tira de sa bourse la petite pièce qu'il lui avait donnée, elle la lui montra, lui rappela ce qu'il avait fait pour elle, et posant sur son lit une centaine de roubles : « Tenez, lui dit-elle, la charité « ne sème point en vain ; voici ce que vous « avez donné au nom de Dieu, voilà ce que « Dieu vous envoie. »

Élisabeth était si pressée d'arriver auprès ses parens, qu'elle voyageait la nuit et le jour; mais à Sarapoul elle voulut s'arrêter, elle voulut aller visiter la tombe du pauvre missionnaire; c'était presqu'un devoir filial, et Élisabeth ne pouvait pas y manquer. Elle revit cette croix qu'on avait placée au-dessus du cercueil, ce lieu où elle avait versé tant de larmes; elle en versa encore : mais elles étaient douces ; il lui semblait que du haut du ciel le pauvre religieux se réjouissait de la voir heureuse, et que, dans ce cœur plein de charité, la vue du bonheur d'autrui pouvait même ajouter au parfait bonheur qu'il goûtait dans le sein de Dieu.

Je me hâte, il en est temps; je ne m'arrêterai point à Tobolsk; je ne peindrai point la joie de Smoloff en présentant Élisabeth à son père, ni la reconnaissance de celle-ci envers ce bon gouverneur; comme elle, je ne serai satisfaite qu'en arrivant dans cette cabane, où on compte avec tant de douleurs les jours de son absence. Elle n'a point voulu qu'on prévînt ses parens de son retour; elle sait qu'ils se portent bien, on le lui a dit à Tobolsk, on le lui confirme à Saïmka; elle veut les surprendre, elle ne permet qu'à Smoloff de la suivre. Oh! comme son cœur palpite en traversant la forêt, en approchant des rives du lac, en reconnaissant chaque arbre, chaque rocher! elle aperçoit la cabane paternelle, elle s'élance... Elle s'arrête; la violence de ses émotions l'épouvante, elle recule devant trop de joie. Ah! misère de l'homme, te voilà bien toute entière! Nous voulons du bonheur, nous en voulons avec excès, et l'excès du bonheur nous tue; nous ne pouvons le supporter. Élisabeth, s'appuyant sur le bras de Smoloff, lui dit: « Si j'allais trouver ma mère malade! » Cette crainte qui venait se placer entre elle et ses parens, tempéra la félicité qui l'accablait, et lui rendit toutes ses forces. Elle court, elle touche au seuil, elle entend des voix, elle les reconnaît; son cœur se serre, sa tête se perd; elle appelle ses parens: la porte s'ouvre, elle voit son père; il jette un cri: la mère accourt, Élisabeth tombe dans leurs bras. « La voilà, s'écria Smoloff, la voilà qui « vous apporte votre grâce; elle a triomphé « de tout, elle a tout obtenu. »

Ces mots n'ajoutent rien au bonheur des exilés, peut-être ne les ont-ils pas entendus; absorbés dans la vue de leur fille, ils savent seulement qu'elle est revenue, qu'elle est devant leurs yeux, qu'ils l'ont retrouvée, qu'ils la tiennent, qu'ils ne la quitteront plus; ils ont oublié qu'il existe d'autres biens dans le monde.

Long-temps ils demeurent plongés dans cette extase; ils sont comme éperdus; on les croirait en délire; ils laissent échapper des mots sans suite; ils ne savent ce qu'ils disent; ils cherchent en vain des expressions pour ce qu'ils éprouvent, ils n'en trouvent point; ils pleurent, ils gémissent, et leurs forces, comme leur raison, se perdent dans l'excès de leur joie.

Smoloff tombe aussi aux pieds des exilés: « Ah! leur dit-il, vous avez plus d'un enfant. « Jusqu'à ce moment Élisabeth m'a nommé « son frère; mais à vos genoux peut-être me « permettra-t-elle d'aspirer à un autre nom. » La jeune fille prend la main de ses parens, les regarde, et leur dit: « Sans lui, je ne « serais point ici peut-être; c'est lui qui m'a « conduite aux genoux de l'empereur, qui a « parlé pour moi, qui a sollicité votre grâce, « qui l'a obtenue; c'est lui qui vous rend « votre patrie, qui vous rend votre enfant, « qui me ramène dans vos bras. O ma mère! « dis-moi comment doit se nommer ma re- « connaissance? ô mon père! apprends-moi « comment je pourrai m'acquitter? » Phédora, en pressant sa fille contre son sein, lui répondit: « Ta reconnaissance doit être l'amour

« que j'ai pour ton père. » Springer s'écria avec enthousiasme : « Le don d'un cœur « comme le tien est au-dessus de tous les bien- « faits; mais Élisabeth ne saurait être trop « généreuse. » La jeune fille alors, unissant la main du jeune homme à celles de ses parens, lui dit avec une modeste rougeur: « Vous promettez de ne les quitter « jamais? Mon Dieu! ai-je bien enten- « du? s'écria-t-il; ses parens me la don- « nent, et elle consent à être à moi! » Il n'acheva point, il pencha son visage baigné de larmes sur les genoux d'Élisabeth; il ne croyait pas que dans le ciel même on pût être plus heureux que lui; et l'ivresse de cette mère qui revoyait son enfant, le tendre orgueil de ce père qui devait la liberté au courage de sa fille, l'inconcevable satisfaction de cette pieuse héroïne qui, à l'aurore de sa vie, venait de remplir le plus saint des devoirs, et ne voyait plus aucune vertu au-dessus de la sienne; tous ces biens réunis, tous ces bonheurs ensemble ne lui semblaient pas pouvoir égaler le bonheur qu'il devait au seul amour.

Maintenant, si je parlais des jours qui suivirent celui-là, je montrerais les parens s'entretenant avec leur fille des cruelles angoisses qu'ils ont endurées pendant son absence; je les montrerais écoutant avec toutes les émotions de l'espérance et de la crainte le récit qu'elle leur fait de son long voyage; je ferais entendre les bénédictions du père en faveur de tous ceux qui ont secouru son enfant; je ferais voir la tendre mère montrant attachée sur son cœur, comme la seule force qui avait pu la faire vivre jusqu'à cet instant, la boucle de cheveux envoyée par Élisabeth; je dirais ce que les parens éprouvèrent le jour que l'exilé se présenta dans leur cabane pour leur apprendre le bien que leur fille lui avait fait; je dirais les larmes qu'ils versèrent au récit de sa détresse, des larmes qu'ils versèrent au récit de sa vertu : enfin je raconterais leurs adieux à cette cabane sauvage, à cette terre d'exil, où ils ont souffert tant de maux, mais où ils viennent de goûter une de ces joies d'autant plus vives et plus pures, qu'elles s'achètent par la douleur et naissent du sein des larmes; semblables aux rayons du soleil, qui ne sont jamais plus éclatans que quand ils sortent de la nue pour se réfléchir sur des champs trempés de rosée.

Pure et sans tache comme les anges, Élisabeth va participer à leur bonheur; elle va vivre, comme eux, d'innocence et d'amour. O amour! innocence! c'est assurément de votre éternelle union que se compose l'éternelle félicité!

Je n'irai pas plus loin. Quand les images riantes, les scènes heureuses se prolongent trop, elles fatiguent, parce qu'elles sont sans vraisemblance; on n'y croit point; on sait trop qu'un bonheur constant n'est pas un bien de la terre. La langue, si variée, si abondante pour les expressions de la douleur, est pauvre et stérile pour celles de la joie; un seul jour de félicité les épuise. Élisabeth est dans les bras de ses parens; ils vont la ramener dans leur patrie, la replacer au rang de ses ancêtres, s'enorgueillir de ses vertus, et l'unir à l'homme qu'elle préfere, à l'homme qu'ils ont eux-mêmes trouvés digne d'elle. C'en est assez; arrêtons-nous ici, reposons-nous sur ces douces pensées. Ce que j'ai connu de la vie, de ses inconstances, de ses espérances trompées, de ses fugitives et chimériques félicités, me ferait craindre, si j'ajoutais une seule page à cette histoire, d'être obligée d'y placer un malheur.

FIN.

EXTRAIT DU CATALOGUE

DU MÊME LIBRAIRE.

COLLECTION DES CLASSIQUES FRANÇAIS, avec une Notice sur la vie de chaque auteur ; 60 vol. in-18, ornés de 20 portraits.

Ouvrages déjà publiés.

LETTRES PROVINCIALES, de *Bl. Pascal* ; 2 vol. in-18, avec portrait. 5 f.

MAXIMES DE LA ROCHEFOUCAULD ; 1 vol. in-18, orné d'un joli portrait. 2 f. 50 c.

OEUVRES COMPLÈTES DE BOILEAU ; 4 vol. in-18, ornés d'un portrait. 10 f.

OEUVRES COMPLÈTES DE MOLIÈRE ; 8 vol. in-18. 20 f.

Avec 8 figures avant la lettre. 25 f.

— Le même, papier vélin, avec 8 fig. avant la lettre sur papier de Chine. 50 f.

PENSÉES DE BL. PASCAL ; 2 vol. in-18, ornés d'un portrait. 5 f.

POÉSIES DE MALHERBE ; 1 vol. in-18, orné d'un portrait. 2 f. 50 c.

Poésies de J.-B. Rousseau; 2 vol. in-18, ornés d'un portrait. 5 f.

Essais de Montaigne; 8 vol. in-18.

Poésies de Marot; 1 vol. in-18.

Caractères de Labruyère; 3 vol. in-18.

Lettres a Émilie sur la Mythologie, par *Demoustier*; 3 vol. in-32, imprimés sur grand raisin vélin par *Rignoux*, et ornés de trois jolies vignettes d'après Desenne. 9 f.

Poésies de Chaulieu et de Lafare; 2 vol. in-32, ornés d'un joli portrait. 4 f.

OEuvres complètes de Bertin, avec les passages imités du latin. *Paris*, 1823; 2 vol. in-32 sur grand papier vélin satiné, et ornés d'un joli portrait. 6 f.

OEuvres de Bernard (choisies). *Paris*, 1823; 1 vol. in-32, grand raisin vélin satiné et orné d'un portrait. 3 f.

OEuvres de Gilbert, avec notes et variantes. *Paris*, 1824; 2 vol. in-32, grand raisin vélin satiné.

Poésies de Bonnard, précédées d'une Notice sur sa vie par M. de *Bonnard fils*; 1 vol. in-32. 3 f.

www.ingramcontent.com/pod-product-compliance
Ingram Content Group UK Ltd.
Pitfield, Milton Keynes, MK11 3LW, UK
UKHW020143220726
13923UKWH00001B/339